L'INDICATEUR

DES METS.

1

Meulan. — Imprimerie de A. HIARD.

L'INDICATEUR

DES METS,

OU

PRÉCIS

DE LA COMPOSITION

DES

PRÉPARATIONS CULINAIRES MODERNES,

ET DE LEURS QUALITÉS ALIMENTAIRES, ETC.

PAR J.-A. THORRE,

CUISINIER.

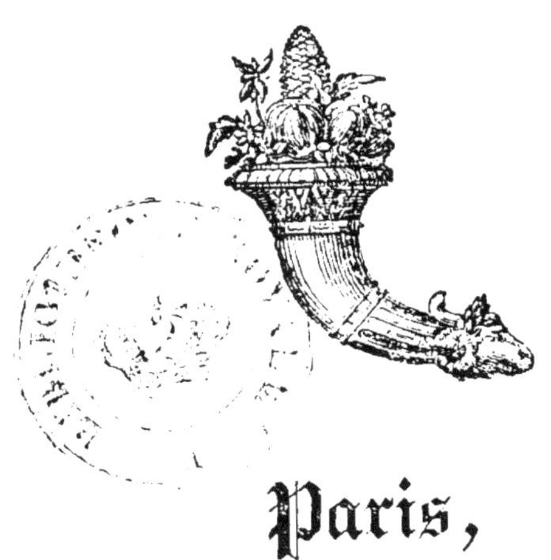

Paris,

A. HIARD, LIBRAIRE,

Rue Saint-Jacques, 131.

1835.

AVIS AU LECTEUR.

Mon intention, en mettant la main à la plume, n'a pas été, comme on le verra bien, de faire un traité de *l'art culinaire;* je n'ai voulu que payer la dette que chaque individu est moralement obligé d'acquitter envers la société selon sa capacité et sa position : je fais part à la société de notions que je lui crois utiles.

Parmi les traités plus ou moins bons que nous possédons sur la cuisine française (sur la reine des cuisines), il n'en existe aucun qui puisse, comme mon opuscule, servir de guide au gourmand qui, respectant sa santé, veut, tout en jouissant du plaisir qu'on éprouve à une bonne table, ne pas s'écarter des lois de *l'hygiène*.

Le sage gourmand n'est, comme le dit si judicieusement l'aimable auteur de la *Physiologie du Goût*, ni un glouton ni un insensé ; c'est au contraire un homme judicieux, modérément sensuel, qui sait savourer l'une des plus agréables jouissances de la vie ; celle qui, réunissant d'aimables convives, facilite les rapports de société, d'affaires ; inspire la bonne humeur ; amène les réconciliations ; entretient la santé dans son éclat et sa vigueur ; enfin est un doux et profitable passe-temps.

J'ai eu occasion de voir de timides convives venir jusque dans mon laboratoire pour me demander des explications sur certains mets et sur leurs compositions ; de bons médecins même m'ont demandé des détails sur ma manière de doser et employer les épices, assaisonnemens et condimens. Tout cela m'a démontré qu'un ouvrage manquait sur cette matière, et malgré la faiblesse de mes moyens j'entreprends de l'écrire.

Mon intention est de faciliter aux personnes délicates le choix des alimens convenables à leur position, et de leur épargner le soin de consulter sans cesse le médecin sur cet objet : j'ai été assez long-temps atteint d'une *gastrite chronique*, et par conséquent sous la direction des hommes de l'art d'Hypocrate ; pendant mes souffrances je suis parvenu à apprendre ce que c'est que *l'estomac, les voies disgestives, les nerfs, etc.*, qu'ils sont l'effet et l'action des diverses préparations alimentaires sur ces organes délicats et sensibles, et les précautions à prendre pour éviter de les irriter.

Que mes confrères ne m'accusent pas de chercher à déprécier le mérite de notre art, car je sais l'apprécier à sa juste valeur. La cuisine du dix-neuvième siècle est bien différente de celle des siècles précédens : nous n'abusons plus des épices et des aromates ; mais nous ne pourrions les proscrire entièrement sans nous exposer à tomber dans un inconvénient contraire à celui des stimulations démesurées, celui de la fadeur et du dégoût : si nous suppléons souvent aux épices, etc., par ces généreux bouillons, jus, consommés, essences, etc., que nous réduisons et corsons au degré convenable selon *l'indication*, et dans lesquels nous rapprochons plus ou moins les sucs nutritifs des substances soumises à nos élaborations, nous n'en savons pas moins tirer avec délicatesse les parfums et les hauts goûts des épices et des aromates quand il y a nécessité de le faire.

Carême nous apprend que pendant le temps qu'il a resté chez le prince Georges, ce prince se félicitant de le posséder à son service, disait souvent à ses amis que grâce à son cuisinier il n'éprouvait plus les douleurs de sa goutte, ce qu'il devait à la cuisine française substituée à celle d'Angleterre, qu'on peut sans exagération qualifier d'incendiaire. Pour mon compte, je puis assurer qu'un seigneur au service duquel j'ai été attaché en Angleterre, s'était tellement accoutumé à mes sauces, qu'il avait cessé de prendre des épices sur son assiette, et qu'il se louait également de l'amélioration de sa santé depuis mon séjour dans sa maison.

En un mot, la cuisine française d'aujourd'hui diffère autant de celle d'autrefois que notre médecine nouvelle diffère de l'ancienne, et j'ose me flatter que le médecin le plus rigide conviendra, en parcourant *l'Indicateur des Mets,* que le danger de se livrer à la bonne chère, est, sinon nul, au moins très-attenué : du reste, *l'abus en tout est préjudiciable.*

L'INDICATEUR

DES METS.

Chapitre Premier.

DES BOUILLONS ET POTAGES.

§ I. BOUILLONS.

Premier Bouillon.

Il consiste en une coction de bœuf, jarret de veau, vieille poule, carottes, navets, poireaux, céleri, clous de girofle piqués dans un oignon, eau et sel.

Ce *pot-au-feu* doit cuire lentement, afin que l'eau dissolve les parties entractives des viandes, et que l'écume en soit aisément séparée. On peut le préparer au bain-marie, et, de cette manière, il est bien plus délicat.

Ce bouillon est fort restaurant.

2. *Bouillon pour potages.*

Il se compose d'une sous-noix de veau, une poule, deux oignons, un bouquet garni (poireaux, céleri, deux clous de girofle piqués dans un oignon), carotte, le tout mouillé avec du premier bouillon.

Ce deuxième bouillon , dont on se sert pour composer des potages, est encore plus chargé de sucs nutritifs que le premier ; l'un et l'autre doivent être considérés comme de puissans restauratifs , par la raison qu'ils servent de véhicules aux matériaux les plus assimilables des viandes et aux aromates excitant de leurs assaisonnemens. Toutefois, s'ils sont de généreux réparateurs des forces , il est bon d'observer qu'ils seraient trop excitans pour les personnes affligées de quelque irritation maladive, surtout aux organes de la digestion.

3. *Bouillon de poulet.*

Un jeune et fort poulet, auquel on retire les poumons et les parties sanglantes, est mis dans une petite marmite avec suffisante quantité d'eau froide, une carotte, un navet et un peu de sel. A la fin de la cuisson, on ajoute une laitue, une petite poignée d'un mélange d'oseille, poirée et cerfeuil.

Ce bouillon est peu substantiel, mais il est rafraîchissant.

4. *Bouillon maigre de racines.*

Jeunes carottes et navets, une botte de chaque, un quart de botte de poireaux, autant d'oignons, deux pieds de céleri, deux clous de girofle, un peu de sel, un *rien* de poivre, six litres d'eau.

Ce bouillon réjouit l'estomac, mais il est un peu excitant.

5. *Bouillon de poisson.*

Une petite anguille, deux tanches, deux carpes, un brocheton, six carottes, six oignons, poireaux, céleri, sel, peu de poivre et de muscade râpée, deux clous de girofle, le tout mouillé de suffisante quantité d'eau.

Ce bouillon, fort estimé par les amateurs, n'est cependant guère d'usage que dans les maisons où l'on observe rigoureusement l'abstinence du gras en carême. Il réunit à un haut degré les qualités et les inconvéniens de l'alimentation recherchée par certains *ictyophages* ou mangeurs de poissons, genre d'alimentation qui, si l'on s'en rapporte aux naturalistes, est excitante pour certain organe dont l'auteur de la Physiologie du goût a fait un sens nouveau.

§ II. Potages.

1. *potage au riz :* créci.

C'est du riz cuit dans du bouillon (premier ou deuxième) auquel on ajoute, au moment de le servir, la purée dite *créci* qui est une purée de carotte.

Ce potage, fort bon au goût, fort substantiel à la digestion, procure de l'embonpoint aux personnes qui en font fréquemment usage et n'est point échauffant.

2. *Potage à la julienne.*

Il se compose de jeunes carottes, navets, poireaux, céleri, laitues, oseille, cerfeuils coupés en filets, d'un peu de sucre mouillé avec du premier bouillon.

Ce potage est exquis, moins nourrissant que le précédent, et très-salubre.

3. *Potage aux choux.*

Après avoir émincé des choux, on les

fait roussir au beurre dans une casserole, et l'on mouille avec du premier bouillon.

Ce potage a son mérite pour les amateurs de choux, et n'a qu'un tout petit inconvénient, celui d'être un peu gazéogène.

4. *Potage à l'oseille.*

On prend une bonne poignée d'oseille et une laitue, on fait fondre le tout avec du beurre fin, on ajoute du premier bouillon, et au moment de servir, on lie avec du jaune d'œuf.

Cet agréable potage réveille l'appétit et convient surtout aux personnes qui, un peu incommodées par la bile, ont une teinte jaune au blanc des yeux, un goût amer à la bouche, etc.

5. *Potage aux navets.*

On coupe ses navets en petits dés, on les passe au beurre et on les mouille de bouillon comme le précédent potage.

Il doit être assimilé, pour ses qualités,
à celui aux choux (troisième).

6. *Potage à la d'Artois.*

C'est une purée de pois, mouillé comme
le précédent.

D'un goût agréable, nourrissant, mais
flatueux.

7. *Potage à la Chantilly.*

C'est une purée de lentilles à laquelle,
au moment de la servir, on ajoute du
beurre et des croûtons frits.

Mêmes qualités et inconvéniens que le
précédent.

8. *Potage à la purée de haricots.*

Comme les précédens, et même action
sur l'économie.

9. *Potage à la purée de potiron.*

Après avoir épluché et coupé par tranches ce *cucurbitacé*, on le fait blanchir à l'eau bouillante, on le met ensuite dans une casserole avec un morceau de beurre frais, on le mouille avec du bouillon et on ajoute le quart de la mie d'un pain d'une livre. Ensuite on le réduit en purée à laquelle on ajoute un peu de crème et de beurre, et l'on sert paré de croûtons séchés à l'étuve.

Ce potage est, en même temps, tempérant, rafraîchissant et substantiel ; il convient aux personnes d'un médiocre ou mince embonpoint, comme à celles qui se sentent des chaleurs internes.

On peut le préparer à la crème de riz en place de mie de pain.

10. *Potage aux marrons.*

Les marrons étant épluchés, on les fait cuire dans du consommé, puis on les sert avec du bon bouillon.

Ce potage est estimé par les personnes

qui sont douées d'un bon estomac, mais les estomacs délicats ne le digèrent pas laborieusement.

11. *Potage, garbure aux choux, à la jardinière.*

On fait cuire ses choux dans du consommé, puis on les dresse dans une casserole d'argent par couches alternatives avec des croûtons jusqu'à suffisance, après quoi on fait gratiner. Quand on sert, on place auprès de cette casserole une soupière contenant du bouillon, et une assiette contenant du fromage de Parmesan râpé.

Ce potage est, en même temps, venteux et échauffant. Les bons estomacs ne s'en trouvent pas mal; car, *tout est sain aux sains*.

Nota. On prépare un potage analogue avec divers légumes.

12. *Potage tortue à la française.*

Ce potage se prépare de diverses manières ; voici la plus usitée.

On fait cuire une tête de veau à laquelle on a joint des crêtes et rognons de coqs et des champignons ; sur le tout on ajoute une demi-bouteille de vin de Madère et de la sauce espagnole. (*Voyez* chap. V.)

On a préalablement tiré une *essence* de carottes, oignons, champignons, basilic, persil, laurier, thym, jambon, anchois, poivre de Cayenne, piment, clous de girofle, muscade, consommé (*voyez* chap. V) ; le tout en doses rationnelles.

Cette essence est ajoutée au potage dit à la tortue, qui, comme il est facile d'en juger, est le plus énergique que nous ayons ; cependant, il n'est qu'un diminutif de celui dit à l'anglaise.

Ce mets est sans doute échauffant, et

néanmoins, il est des personnes qui s'en régalent : gourmands! vous le payerez plus tard.

13. *Potage à la reine.*

C'est une purée de volaille à laquelle on ajoute une purée de riz et du consommé (*voyez* Sauces, chap. VI), et qu'on sert avec des croûtons frits.

C'est un excellent potage et très-alimentaire.

14. *Potage à la purée de gibier.*

Il se confectionne comme le précédent et a des qualités analogues.

15. *Potage, bisque d'écrevisses.*

On fait d'abord cuire ses écrevisses, on les pile, on les mêle à du riz cuit, et l'on forme ainsi une purée qu'on mouille avec du consommé; on dispose dans une soupière, ayant soin d'ajouter les queues d'écrevisses qu'on a conservées à part, avec des croûtons et du beurre d'écrevisses. (*Voir* aux sauces.)

C'est un vrai potage de chanoine à la *Boileau*, qui provoque, croit-on, le prétendu sens sus-mentionné de l'auteur de la Physiologie du Goût.

16. *Potage aux quenelles de volailles.*

Ce sont des quenelles de volaille (*voir* les Farces) mouillées de consommé.

Ce potage, quand il est bien fait, est fort distingué. Il figure avantageusement sur les tables les plus opulentes.

Nota. Il n'est pas nécessaire que j'entre ici dans le détail des potages au riz au naturel, au macaroni, à la semouille, au sagou, au salep, au tapioca, à l'arowroot, au vermicelle, à la pâte d'Italie, aux nouilles à l'orge , etc., au gras ou au maigre, parce qu'ils sont fort connus ; ni du potage si nourrissant de purée ou crême de riz, du potage au lait lié et du potage au lait d'amandes qui sont bien mangés ; je ferai seulement observer que la plupart conviennent à tout le monde, surtout aux convalescens. Le seul inconvénient qu'en général l'on puisse leur reprocher, c'est d'être trop nourrissans pour les personnes qui ont de la disposition à l'*obésité* ou embonpoint excessif quand elles en font un fréquent usage.

Il est encore de ces potages de primeurs, tels qu'aux carottes nouvelles, petits oignons, petits pois, pointes d'asperges, laitues farcies, concombres, petits choux de Bruxelles, etc., qui sont très-agréables en général, et dont on n'a à craindre aucun inconvénient.

Enfin il est d'autres potages usités dans notre pays, dont je m'abstiens de faire mention. Cependant il en est un qui mérite de figurer dans notre cuisine française, comme ce potage aux œufs, au bouillon, aussi agréable au goût que restauratif; mais pour qu'il mérite ces éloges, il faut qu'il soit préparé avec un soin tout particulier. Il se compose d'un consommé de volaille cuit au bain-marie et bien corcé, auquel on ajoute des œufs au bouillon. Je sais que plusieurs diplomates en font leurs délices.

En général, il est bon de noter que nos bouillons et potages français sont supérieurs en mérite à ceux des autres nations européennes, quand le cuisinier qui les prépare soigne attentivement sa marmite, surtout quand il prépare un bouillon de potage, ce qui n'est pas si peu de chose qu'on pourrait le penser. C'est pourquoi je crois devoir avertir en passant le jeune cuisinier, qu'il doit veiller à ce qu'un feu doux fasse écumer doucement son pot-au-feu, que l'ébullition en soit douce et modérée, afin que les viandes soumises à la coction soient dilatées

par degrés et que l'osmazome s'en échap-
pant insensiblement sature le bouillon
sans le rendre trouble et sans nuire à la
suavité de son goût ; qu'en même temps,
les viandes soient cuites et non saisies.

Chapitre Deuxième.

DES RELEVÉS.

§ I. RELEVÉS GROSSES PIÈCES.

1. *La culotte de bœuf garnie de chou-croûte (sauërcrawt).*

La culotte de bœuf et l'aloyau se garnissent aussi de divers légumes, tels que carottes et navets tournés, oignons glacés, laitues braisées, pommes de terre, purée de tomates, etc.

Ces pièces substantielles et succulentes se recommandent aux bons estomacs.

2. *Rosbéef ou* roatsbéef, *et rond de bœuf.*

C'est du bœuf rôti.

Ces pièces se recommandent également aux bons estomacs et même aux médiocres.

3. *Longe de veau rôtie, à l'ancienne, à la crème (sauce).*

Cette pièce ne mérite que des éloges, car, sauf la quantité, elle convient à tous les estomacs.

4. *Tête de veau en tortue.*

On fait cuire cette pièce dans parties égales de bouillon et de vin de Madère; puis on la sauce avec la sauce tortue qui se compose ainsi :

On met dans une casserole un peu de consommé et de vin de Madère, deux feuilles de laurier, du thym, un peu de gros poivre, trois clous de girofle ; après un temps convenable d'ébulition, on passe à l'étamine et on mêle à une espagnole (*voy*. cette sauce au chap. VI) travaillée :

au moment de servir on ajoute une pincée de poivre de Cayenne et autant de piment.

Ce mets très-relevé est fort échauffant.
Il est vrai que la tête de veau a besoin
d'une sauce de haut goût pour corriger la
viscosité; mais les personnes qui ne sont
pas douées d'un excellent estomac feront bien de s'abstenir d'en manger.

5. *Selle de mouton rôtie à l'anglaise.*

C'est une pièce dont on fait cas en Angleterre, et qui, quand elle est cuite à
point, a vraiment du mérite.

6. *Quartier d'agneau rôti.*

Cette pièce se sert avec une maître-
d'hôtel (*voy*. cette sauce au chap. VI).

La chair de l'agneau est de difficile
digestion, et a besoin de l'adjonction d'une
telle sauce.

7. *Jambon.*

On le fait cuire, bouillir ou rôtir, et on le sert avec des légumes.

On n'en mange qu'à titre d'excitant à l'appétit; il est très-peu alimentaire.

8. *Cochon de lait.*

Il est rôti à la broche et servi à table accompagné d'une sauce acidulée, à la maître-d'hôtel, etc.

On n'en mange qu'avec réserve, parce qu'il est indigeste.

9. *Huré de sanglier.*

Cette pièce s'apprête avec force aromates.

Heureusement qu'on n'en goûte que fort rarement et très-peu à la fois, car ce mets est échauffant et mal sain.

2.

10. *Quartier de derrière de sanglier.*

On le fait mariner, puis cuire à la broche. Même observation à peu près que pour le précédent.

11. *Chevreuil et cerf.*

Le quartier de derrière de ces venaisons se mange piqué, mariné et rôti.

Observations analogues à celles des précédens.

12. *Dinde en galantine.*

On dresse cet utile oiseau, on le garnit d'une farce composée de veau, lard et quelques épices ; quand il est cuit à point on le laisse refroidir, et on le sert ainsi sur sa gelée.

On n'a que des éloges à donner à un tel mets, et la personne qui le savoure avec sobriété n'a qu'à s'en louer elle-même.

13. *Dindonneau aux truffes.*

On le sert braisé et garni d'une financière. (Voir le ragoût à la financière).

Cette pièce est désirable dans un repas;
on l'accueille toujours bien , mais on n'en
doit user que sobrement, les truffes lui
communiquant leur qualité stimulante.

14. *Oie.*

Je place ici ce volatile semi-aquati-
que avec quelque appréhension , car il
est fort rarement admis sur une bonne
table. On ne le mange guère que rôti ; la
couche graisseuse dont il est étoffé le rend
insalubre.

15. *Poularde à la régence.*

On la sert garnie d'un ragoût à la régence. (Voir les ragoûts.)

16. *Poularde à l'anglaise.*

On la sert garnie de légumes.

Ces mets sont très-estimés, surtout celui à la régence ; mais il n'en faut manger qu'avec sobriété.

§ II. relevés de poissons.

1. *Turbot à l'anglaise.*

On le cuit à l'eau et au sel, et on le sert avec une sauce aux homards, aux huîtres ou aux crevettes. (Voir ces sauces.)

Ce mets est aussi bon que simple dans son apprêt, et je crois qu'on en peut manger sans inquiétude.

2. *Saumon.*

Comme relevé il paraît plus souvent sur table au bleu qu'autrement. Il se cuit au vin blanc avec laurier, thym, girofle, persil, oignons et carottes.

La chair du saumon est de difficile digestion, tant à cause de la dureté consistante de ses fibres, que d'une huile et d'un sel volatils que la chimie a démontrés phosphorescens. Il est donc insalubre pour les personnes qui en mangent un peu copieusement.

3. *Carpe à la Chambord.*

C'est une de nos belles pièces de relevés, elle se cuit dans une bonne mirepoix (voyez cette sauce) mouillée de vin de Madère, et se sert avec le ragoût suivant :

Laitances de carpes, champignons, truffes, huîtres, écrevisses et quelques quenelles, le tout saucé avec une bonne financière. (Voir cette sauce.)

Ce mets est fort bon, mais je dois prévenir le lecteur qu'il n'en faut manger qu'avec sobriété.

4. *Esturgeon.*

Il se cuit braisé ou à la broche.
Sa chair est difficile à digérer.

5. *Cabillaud.*

On le cuit à l'eau au sel, et on le sert soit à la sauce au beurre, soit à la sauce hollandaise. (Voir ces sauces.)

Ce poisson est très-bon. Sa chair blanche et feuilletée est appétissante et de facile digestion, quoiqu'il y ait quelque analogie entre ce cétacée et la morue ; le second est trop souvent dur par l'effet de sa préparation conservatrice, et par suite de difficile digestion.

6. *Brochet.*

Ce poisson s'apprête et se sert comme le saumon, ou bien se fait cuire dans une bonne mirepoix mouillée de Madère ou même de vin blanc ordinaire, et se sert avec une sauce genevoise, ou bien encore au ragoût à la régence. (Voyez ces sauces et ragoûts.)

Ce mets est excellent, mais avant de se décider à en manger, nous conseillons aux personnes dont l'estomac est délicat ou irrité de consulter l'article des sauces à chacune desquelles nous ajoutons quelques mots de réflexion.

7. *Sole.*

Cet excellent poisson se sert ordinairement en friture avec une maître-d'hôtel. (Voir cette sauce.)

Apprêté de cette manière, ce mets n'a aucune qualité offensive.

8. *Anguille.*

Comme le brochet ce poisson se fait cuire dans une bonne mirepoix, puis se sert avec un ragoût à la financière (voir ce ragoût), ou bien en froid au beurre de Montpellier.

Carême, l'un de mes *professeurs*, a écrit que les personnes robustes qui usent de ce mets doivent boire par-dessus un verre de bon vin afin d'en faciliter la digestion. L'anguille se digère difficilement à cause de la viscosité de sa chair.

9. *Truite*.

Ce poisson se sert soit en court-bouillon, soit farci, soit grillé.

Il est de facile digestion , délicat , agréable, et d'un usage fort salubre.

10. *Carlet*.

On le prépare comme la sole, ou simplement à l'eau et au sel.

Mêmes qualités que la sole.

§ III. RELEVÉS DE PATISSERIE.

Pâtés froids.

Ces mets se composent d'une croûte à la pâte brisée qu'on garnit, soit d'un hachis de veau et lard, et de jambon, soit de volaille, soit de gibier, soit de foies gras, etc., épicés convenablement.

Ils sont indigestes; on ne saurait en manger copieusement sans inconvénient.

Observations sur les relevés.

Ce service est généralement bien accueilli, surtout quand les pièces qui le composent ont la garniture et la bonne mine qui les caractérisent ; quand le tout est dressé savamment et groupé avec goût, couronné de ces atelets brillans qui impriment le sceau du beau fini ; quand les sucs et parfums sont bien développés, et que la coction est arrivée à point, il ne peut qu'attirer l'attention des nobles convives, et être délicieusement savouré.

———

Chapitre Troizième.

ENTRÉES.

§ I. ENTRÉES DE BOUCHERIE.

1, 2, 3, 4, 5 et 6. *Filets de bœuf* :

Sautés aux champignons. Ils sont cuits au beurre et dressés au moment de les servir avec une sauce espagnole (voir Sauces) et champignons.

Au beurre d'anchois. C'est un beef-tek au beurre d'anchois. (Voir les Sauces.)

A la maître-d'hôtel. Comme le précédent.

A la sauce tomate. Comme le précédent.

A l'anglaise. C'est le beeftek grillé, piqué, glacé, au vin de Madère.

Telles sont les variétés d'apprêts du morceau de la chair la plus abondante en sucs nourriciers, et généralement le plus salubre aliment pour la personne adulte de bonne santé.

7. *Palais de bœuf au gratin.*

On les fait cuire, ensuite on les entoure d'une farce à quenelle dans un plat d'argent ; dans cet état on les fait gratiner au four, puis on les sauce d'une demi-espagnole.

Ce mets est excellent pour la personne douée d'un bon estomac.

8, 9 et 10. *Entre-côtes.*

Grillées. Saucées d'une maître-d'hôtel. (Voir cette sauce.)

Idem. Au beurre d'anchois.

Braisées. Au vin de Madère et garnies.

11. *Langue de bœuf à l'italienne.*

Cuite dans une bonne braise , on la coupe en escalope et l'on sauce d'une ita-lienne. (Consultez la sauce.)

12. *Gras-double.*

Nous n'en servons que lorsqu'il est demandé.

Ce mets est fort indigeste.

13 , 14 , 15 , 16 et 17. *Noix de veau.*

Piquée ;
A la chicorée ;
A l'oseille ;
Aux tomates ;
A la sauce.
Ces mets sont de bon aloi. (Voir la sauce tomate.)

8. *Blanquette de veau à la poulette.*

Comme le précédent.

19. *Paupiettes de veau.*

Ce mets est un composé de tranches de noix de veau sur lesquelles on a étalé de la farce à quenelle, qu'on a roulées ensuite sur elles-mêmes, puis enveloppées de bardes de lard et cuites dans une mirepoix. Au moment de les servir, on les dresse sur une sauce espagnole. (Voir farce quenelle, sauces mirepoix et espagnole.)

Ce mets est très-estimé et d'un bon goût.

20. *Poitrine de veau.*

Au jus.

On n'a que des éloges à faire de ce mets ; mais il doit être bien broyé.

21. *Tendron de veau à l'allemande.*

Ces tendrons étant cuits dans un bon fond, on les pare avec de la mie de pain, on les fait frire et on les sert avec une garniture à l'allemande. (voir sauce à l'allemande.)

Ce mets a son agrément, mais il doit être bien mâché, et est un peu dur à digérer.

22. *Côtelettes de veau sautées à la Singara.*

Ces côtelettes étant raides des deux côtés, on les sauce avec une bonne espagnole travaillée (voir cette sauce), on ajoute un morceau de langue à l'écarlate, et l'on sert.

Ce mets est bon et salubre, sauf la langue.

23. *Côtelettes en papillottes.*

(Voir la 35e sauce à la Durcelle.)

24. *Côtelettes à la Saint-Cloud.*

(Voir *ibidem*).

25. *Côtelettes aux truffes.*

Ces côtelettes de veau sont également bonnes quand elles sont bien cuites. La digestion est facile, et les convalescens en usent avec succès quand ils commencent à recouvrer leurs facultés digestives.

En règle générale, les viandes de jeunes animaux, gélatineuses et visqueuses, exigent une parfaite cuisson pour être bien digérées.

26. *Filets de veau piqués à la jardinière.*

On forme un puits de ces filets piqués et glacés, dans lequel on insère un mélange de divers légumes.

Ce mets est digne d'éloges.

27. *Grenades de filets de veau.*

Les filets sont piqués aux truffes et

unis à une farce à quenelle. (Voir cette
farce.)

Quand ce mets est bien fait, il constitue un excellent aliment.

28. *Sautés de veau en escalope.*

Émincés de veau cuits au beurre, et
qu'on peut servir avec diverses sauces,
comme :

Sauce tomate ;
Sauce espagnole ;
Sauce aux fines herbes ;
Sauce au velouté. (Voir ces sauces.)
Même observation que pour le mets
précédent, sauf les sauces.

29. *Oreilles de veau.*

Farcies et frites.

3o. *Oreilles de veau en tortue.*

(Voir tête de veau en tortue, chap 2.,
quatrième relevé de grosses pièces).

31. *Oreilles de veau à la financière.*

(Voir le ragoût à la financière).

32. *Oreilles de veau à la ravigotte.*

(Voir la sauce à la ravigotte).

33. *Cervelle de veau en marinade.*
(Friture).

Ce mets n'a rien de pernicieux à la santé, pourvu qu'on ait soin de séparer et de ne pas manger la croûte frite, qui, étant carbonisée, est un irritant à l'estomac.

34. *Cervelle de veau à la ravigotte.*

(Voir cette sauce).

35, 36, 37, 38, 39, 40, 41, 42, 43, 44, 45, 46, 47. *Ris de veau piqués.*

Ces ris étant cuits dans un bon fond

se servent avec divers autres apprêts, tels que :

A la purée d'oseille ;

Aux tomates ;

A la chicorée ;

Aux épinards ;

Aux champignons ;

Au céleri ;

A la périgueux ou aux truffes ;

Aux pointes d'asperges ;

A la toulouse ;

A la macédoine (réunion et mélange de divers légumes);

En escalopes ;

Aux fines herbes ;

En caisse , etc.

Ce mets est agréable, quelle que soit sa sauce ; mais étant une *glande lympha-tique*, il est de difficile digestion pour certains estomacs ; il exige une parfaite cuisson comme les viandes de jeunes ani-maux. (Voir aussi les sauces.)

48, 49, 5o. *Foie de veau.*

Il se sert aussi de diverses manières, comme :

Braisé;

A la bourgeoise;

A la broche.

Le foie de veau paraît rarement sur nos tables, parce qu'il n'est digéré que par peu d'estomacs.

5i. *Pieds de veau.*

On les sert farcis et frits.
Ils sont de dure digestion.

5a. *Filets de mouton glacés en marinade.*

On les pique, on les fait mariner au vinaigre pendant deux ou trois jours, puis on les fait cuire et on les sert avec une sauce chevreuil.

Ce mets est appétissant; il peut convenir aux personnes obèses (chargées d'embonpoint) , mais ne convient guère aux personnes maigres et aux estomacs irritables.

53. *Côtelettes de mouton grillées.*

Ce mets est aussi bon que simplement apprêté.

54. *Côtelettes de mouton à la Soubise.*

On les pique de gros lard , on les fait cuire dans un bon fond , on les glace , puis on les dresse et on vide dans le puits une Soubise. (Purée d'ognons.)

Ce mets est bon , mais l'ognon a l'inconvénient d'engendrer des gaz d'une odeur fort désagréable.

55. *Longe de mouton glacée à la purée d'oseille.*

Ce mets est louable.

56. *Carbonade de mouton.*

C'est cuit sur le gril et servi avec une purée de champignons.

57. *Autre carbonade de mouton.*

C'est cuit comme le précédent, et servi avec une purée de pommes de terre.

Ces mets sont louables ; cependant la partie graisseuse pourrait nuire aux faibles estomacs.

58. *Haricot de poitrine de mouton.*

C'est tout simplement un ragoût de mouton aux navets.

Ce mets n'a d'autre inconvénient que celui d'être flatueux.

59. *Gigot de mouton de sept heures.*

Il est braisé et dressé avec son jus.

6o. *Gigot de mouton à la Bretonne.*

Il est braisé et dressé avec des haricots.

61. *Gigot de mouton aux pommes de terre.*

Il est aussi braisé et dressé avec des pommes de terre.

Ces mets, simples, sont de bon aloi ; mais les haricots sont flatueux.

62. *Épaule de mouton.*

Elle est servie braisée et garnie de laitue avec une nivernaise.

Ce mets, aussi simple que les précédens, n'offre rien que de salubre.

63. *Hachis de mouton.*

Un gigot de mouton rôti, dont on sépare la chair des os, laquelle on hache bien menue, est déposé dans une casserole avec suffisante quantité d'*espagnole* (voir cette sauce) ; on ajoute des œufs pochés. Après s'être assuré si c'est d'un bon sel, on orne de croûtons et l'on sert.

64. *Émincés de mouton.*

On les sert à la chicorée, ou bien aux ognons à la Clermont.

Ces deux derniers mets, destinés aux tables régies par l'économie, sont des alimens sur lesquels on ne trouve rien à redire.

65. *Rognons de mouton au vin de Champagne.*

On émince ces rognons, on les saute ainsi au beurre avec des champignons ; on assaisonne de poivre, muscade et sel. On travaille à part un verre de vin de Champagne avec une cuillerée d'espagnole : on mêle cette sauce aux rognons, et au moment de servir on ajoute du jus de citron.

Ce mets est de pur agrément, et on ne doit en user qu'avec modération.

66. *Langue de mouton en papillotte.*

On prépare des fines herbes, on fait griller la langue, et on sert aussitôt.

Ce mets est bon et louable.

67 et 68. *Queues de mouton braisées.*

On les fait cuire dans du premier bouillon, et on les sert avec une espagnole, ou à la chicorée.

Même appréciation que ci-dessus.

69. *Pieds de mouton à la poulette.*

Ce mets n'est indiqué ici que pour mémoire, ne paraissant presque jamais sur nos bonnes tables : quelques personnes pourtant s'en font un régal, quoiqu'il soit peu salubre.

70. *Ris d'agneau à la financière.*

(Voyez la 35 entrée, ou ris de veau, et la sauce à la financière).

71. *Epigramme d'agneau aux pointes d'asperges.*

Ce mets est aussi bon que simplement apprêté.

72, 73, 74 et 75. *Côtelettes d'a-gneau.*

Elles s'apprêtent des manières suivantes :

Sautées *aux petits pois ;*
    à la macédoine ;
    à la toulouse ;
    à la jardinière.

(Voir les sauces.)

176. Côtelettes d'agneau à l'alle-mande.

Elles sont panées, grillées, et servies aux pointes d'asperges.

C'est un bon mets.

177. Poitrine d'agneau à la Sainte-Ménéhould.

C'est cuit dans un bon fond, puis pané et grillé.

Comme dessus.

78. Musette d'agneau à la nivernaise.

On prépare une épaule d'agneau en forme de musette ; on la fait cuire dans un bon fond, et on la sert avec une sauce dans laquelle entrent force carottes tour-nées en forme d'olives.

Ce mets est bien bon.

79, 80, 81 et 82. *Oreilles d'agneau.*

(Voir les 29, 30, 31 et 32 entrées, ou oreille de veau. Ce sont les mêmes apprêts.)

83. *Carré de porc frais à la broche.*

Cette pièce se sert avec une sauce tomate (voir cette sauce).

Ce mets est attrayant, mais fort indigeste.

84. *Côtelettes de porc frais, sautées, à la sauce Robert.*

Même remarque que pour le précédent, plus la sauce Robert, qu'il faut voir.

85. *Côtelettes de sanglier.*

Sautées à la sauce Robert.

Même remarque que pour les précédens.

86. *Pieds de cochon à la Sainte-Mé-*
néhould.

C'est pané et grillé.

87. *Pieds de cochon aux truffes.*

Ces mets sont insalubres.

88. *Filets de porc frais piqués et rôtis.*

On les sert avec une sauce piquante.
(Voir cette sauce.)

Ce mets est attrayant, mais on n'en
doit manger qu'avec réserve, sous peine
d'indigestion.

89. *Filets mignons.*

Piqués, marinés et rôtis, sauce poivrade, telle est la composition de ce mets.
(Voyez la sauce poivrade.)

C'est de la chair de porc frais, dont la
saveur plaît généralement, mais qui,
comme on le sait, est indigeste : au sur-

plus, la sauce en est irritante pour l'estomac, et le marinage la rend nuisible aux tempéramens nerveux.

90.

A partir de ce numéro, on en peut compter un assez bon nombre d'autres, car ce sont les hors-d'œuvre de charcuterie, tels que saucisses, crépinettes, petit-salé, oreilles, fromages de cochon, etc., etc.

On ne doit manger de ces mets que par extraits, parce qu'ils sont insalubres.

§ II. ENTRÉES DE VOLAILLES.

1, 2, 3, 4, 5 et 6. *Poularde au consommé.*

Ce volatil se cuit d'abord dans une mirepoix; nous le retirons de ce fond, l'arrosons d'une demi-espagnole, et le servons ainsi.

Toujours cuit de la même manière, nous le servons aussi :

A la ravigotte ;
A l'estragon ;
A la maquignon ;
A la sauce tomate ;
A la Périgueux.

(Voir ces diverses sauces.)

7. *Poularde truffée.*

C'est une entrée de broche.

Par elle-même, la poularde est une volaille fine et délicate ; mais on n'en doit manger qu'avec sobriété, parce qu'elle est indigeste. Du reste, il faut consulter les diverses sauces auxquelles elle est servie. Quant à cette dernière, il faut voir ce que nous notons au sujet des truffes.

8. *Chapon au gros sel et au riz.*

Cette mode simple d'apprêter une bonne

pièce de volaille trouve beaucoup d'amateurs, et est plus convenable à la santé.

9. *Poulet à la Dantzick.*

Par une sauce aux huîtres (voir cette sauce).

10. *Poulet à la tartare* (voir la sauce tartare).

Ne peut convenir qu'aux estomacs robustes.

11. *Poulet à la reine, à l'ivoire.*

On fait cuire ce volatil dans un blanc , c'est-à-dire mouillé de bouillon, et on le sert simplement avec une gelée de viande dite *aspic chaude.*

Ce mets est d'assez bon aloi.

12. *Fricassée de poulet à la chevalière.*

Nous commençons par dépecer notre volaille; nous en piquons les filets, et nous bigarrons les filets mignons aux truffes. Mettant cuire à part tous ces filets ainsi préparés, nous faisons notre fricassée avec ce qui reste de la pièce. Tout cela fait, nous dressons notre fricassée, sur le corps de laquelle nous disposons avec grâce nos filets glacés et piqués et nos filets mignons bigarrés aux truffes en pyramide, au haut de laquelle nous mettons une belle truffe surmontée d'une crête élégante.

Ce mets gracieux est excellent, et il faudrait qu'on fût malade pour refuser d'en goûter.

13. *Fritot de poulet.*

On enduit son poulet d'œufs frais, on le pane et on le fait frire.

Ce mets est louable, mais il faut en séparer la légère croûte carbonisée dans la friture, et ne manger que du volatil si l'on a un estomac délicat.

14. *Poulet à la Marengo.*

Ce poulet est sauté au beurre et à l'huile ; puis on ajoute des fines herbes, un peu de sauces espagnole et tomate (voir ces sauces).

Sauf les sauces qu'il faut consulter, ce mets est louable.

15. *Kari de poulet,* ou *poulet à l'indienne.*

On dépèce son poulet, on le saute au beurre ; on le mouille ensuite avec de l'espagnole, et on l'assaisonne avec de la poudre à l'indienne, qui est un mélange de plusieurs drogues parmi lesquelles le safran domine ; enfin, on le dresse avec du riz.

Ce mets est une curiosité gastronomique assez étrange, dont on fera bien de se borner à goûter, par prudence.

16. *Marinade de poulet.*

Nous dépeçons une pièce de volaille déjà cuite à la broche, nous la faisons mariner au vinaigre avec de l'ognon en tranches, du persil en branches, du laurier, du sel et du poivre ; nous l'enduisons d'une pâte à frire, puis nous la faisons frire et la servons garnie de persil frit.

Ce mets plaît à quelques personnes ; mais, par prudence, celles à estomacs irritables s'abstiendront d'en manger.

17. *Canetons de cuisses de volaille aux pointes d'asperges.*

Nous désossons ces cuisses, nous les farcissons et leur donnons la forme de canetons. Ensuite, nous les faisons cuire dans une bonne mirepoix (voir cette sauce), et nous les servons garnies de pointes d'asperges.

Ce mets ne laisse rien à désirer ; pourtant, les personnes à estomac irritable sont prévenues que le fond dans lequel ces cuisses ont été cuites est un peu épicé.

18. *Ailerons de dindons à la financière.*

On les fait premièrement cuire dans un bon fond, après quoi on les dresse dans un ragoût à la financière. (Voir ce ragoût.)

Ce mets parfumé est délicieux. Il est aussi salubre que désirable.

19. *Ailerons de dindons à la chicorée.*

C'est cuit comme le précédent et dressé avec de la chicorée.

Ce mets est de bon goût et salubre.

20. *Ailerons de dindons aux tomates.*

Encore cuit comme le mets précédent, et servi avec une sauce tomate.

(Voir sauce tomate.)

21. *Ailerons de dindon au concombre.*

Cuit encore comme les précédens, et servi avec du concombre.

Nous n'avons que des éloges à faire de ce mets.

22. *Magnonaise de poulet.*

On dépèce un poulet rôti, on le saute au vinaigre, on le dresse et on le masque

4.

avec une sauce magnonaise. (Voir cette sauce et la réflexion qui la concerne.)

23. *Filets de poulets ou de poulardes, et petits filets Conti au suprême.*

Nous levons les filets de nos volailles , nous en séparons avec soin la seconde peau et le nerf, nous les aplatissons et leur donnons une belle forme. Cela fait, nous clarifions du beurre fin et nous arrangeons les filets dans le sautoir avec notre beurre clarifié. Un quart d'heure avant de les servir, nous les exposons pendant dix minutes à l'action d'un feu vif, ce temps est suffisant pour les cuire. Enfin, nous les dressons en forme de couronne, plaçant les petits filets Conti au milieu , et nous les sauçons avec une suprême. (Voir cette sauce.)

Ce mets est justement dénommé, car il est supérieurement bon de toute manière et pour toute personne.

24. *Filets de volailles à la royale.*

Les filets sont piqués et glacés, et les filets mignons sont bigarrés aux truffes. Ces derniers forment le couronnement des premiers, ce qui fait un effet charmant dans le puits. La sauce est une purée de céleri d'Espagne, qui est d'un goût exquis.

Nous ne donnons pas moins d'éloges à ce mets qu'au précédent.

25. 26 et 27. *Canard.*

Cet oiseau aquatique, assez mésestimé, est rarement accueilli sur nos tables *fashionables*. Quand nous avons occasion de le servir en entier, nous le faisons cuire dans une braise. Après quoi, nous lui faisons prendre quelques ébullitions dans un ragoût tel que :

Aux petits pois.

Aux navets.

Aux olives, etc.

On n'en doit manger qu'avec réserve parce qu'il est indigeste.

28. *Filets de canetons à la bigarade.*

Ces oiseaux étant rôtis, nous en enlevons les filets, et les servons avec un jus clair auquel nous additionnons le zeste d'une bigarade.

Mêmes remarques qu'au précédent

29. *Pigeons braisés.*

On les fait cuire dans une braise ou dans une mirepoix, et on les sert avec une sauce aux écrevisses. (Voir ces sauces.)

Ce mets est un peu excitant.

3o. *Pigeons braisés.*

Cuits comme les précédens, et servis avec une sauce allemande.

Ce mets est excellent et ne saurait nuire à la santé.

31. *Pigeons braisés.*

Cuits comme les précédens ; on les sert aux petits pois.

Même appréciation qu'au précédent.

32. *Pigeons à la crapaudine.*

Ces oiseaux sont fendus du haut en bas, ouverts et aplatis, passés au beurre, panés avec de la mie de pain et cuits sur le gril : on les sert avec un jus clair.

Les pigeons ainsi apprêtés n'ont rien que de louable. Dans quelques provinces de France, on les sert avec une rémoulade, à l'huile, au vinaigre et aux fines herbes ; mais ces méthodes, propres à provoquer l'appétit, sont loin d'être salubres.

33. *Pigeons sautés.*

(Voir poulet sauté , c'est de même.)

§ III. Entrées de gibier et de venaison.

1. *Côtelettes de cerf.*

On les saute au beurre et on les sert avec une sauce à la poivrade. (Voir cette sauce.)

C'est un vrai mets de chasseur.

2. *Côtelettes de chevreuil.*

Idem. Mêmes appréciations que pour le précédent.

3. *Escalopes de filets de chevreuil à l'italienne.*

Nous coupons ce filet en escalopes ; nous le sautons au beurre et nous servons avec une sauce italienne. (Voir cette sauce.)

Ce mets est bon, comme venaison, pour les personnes à qui ce genre d'aliment convient. Les médecins regardent généralement ces viandes comme échauffantes. Quant à l'apprêt présent, on ne saurait y trouver à redire.

4. *Civet de lièvre.*

Ce quadrupède est d'abord coupé artistement, ensuite passé au beurre, puis *singué* de farine, ensuite de quoi on le mouille avec mi-parties de bouillon et de bon vin rouge. On assaisonne de deux clous de girofle piqués dans un oignon, d'un bouquet de persil, de thym, de laurier, d'un peu de poivre et de sel, et l'on sert.

La remarque que nous avons à faire quant aux qualités alimentaires de ce mets, ne diffère guère de ce que nous venons de dire du précédent : les viandes du chevreuil et du lièvre ont beaucoup d'analogie; mais l'apprêt de ce dernier se se compose de substances aromatiques échauffantes. Le docteur Barbier dit que ceux qui vivent habituellement de mets très-épicés sont sujets à éprouver des accidens bilieux. (Voir dans son Traité d'Hygiène, page 201.)

5. *Filets de lièvre.*

On les pique, on les fait mariner, et on les sert à la sauce hachée. (Voir cette sauce.)

Ce mets est de bon goût et fort appétissant. Quant à ses qualités alimentaires, nous ne saurions en faire l'éloge. Il est pourtant vrai de dire qu'un gourmand doué d'un estomac énergique peut en manger sans hésitation, et que la remarque, comme tant d'autres, n'a trait qu'aux estomacs débiles.

6. *Giblotte de lapereau à la bourgui-gnotte.*

On dépèce son lapereau, on le passe au beurre, on le singue de farine, on le mouille de vin blanc et de bouillon, on l'assaisonne comme il a été dit pour le civet de lièvre. Pendant les préparatifs, on a arrangé à part une garniture de petits ognons qu'on mêle au tout au moment de servir.

Considérations analogues à celles du mets précédent.

7. *Cuisses de lapereaux aux fines herbes.*

On les saute ; quand elles sont à peu près cuites, on ajoute une cuillerée d'espagnole avec les fines herbes, et l'on met le tout en caisse sur le gril.

Ce mets est fin et assez délicat.

8. *Turban de filets de lapereaux.*

Ces filets sont préalablement piqués. On forme une couronne avec de la farce à quenelle sur laquelle on dispose, en forme de turban, les dits filets. On met cuire au four, et on sert saucé d'une demi-espagnole.

Ce mets élégant mérite l'approbotion des gourmets.

Salmi de faisan.

Nous prenons un faisan rôti que nous découpons et parons artistement ; cela fait, nous réunissons la chair des débris , que nous mettons dans une casserole avec un bon verre de vin de Bordeaux, un peu de consommé, et une cuillerée à pot d'es-pagnole ; nous ajoutons thym, laurier, clous de girofle , un peu de mignonnette , et nous laissons bouillir pendant une demi-heure ; après quoi nous passons l'essence. Nous retravaillons ensuite la sauce après y avoir mêlé d'une demi-glace de viande jusqu'à ce que nous ayons obtenu une sauce moelleuse et veloutée. Cela fait, nous dressons nos découpures en pyramide, et par dessus des croûtons farcis *à l'essence;* puis nous servons.

Cette entrée, bien finie, est digne de figurer à la table d'un gourmet : l'assaisonnement la rend un peu échauffante.

Filets de faisan au suprême.

(Voir les filets de volaille, 32. Entrée de volaille.)

11. *Filets de faisan à la Périgueux.*

(Voir les sautés aux truffes.)

11. *Perdreaux à la Périgueux.* (Entrée de broche.)

Ces perdreaux sont farcis de truffes; nous les faisons cuire à la broche enve-

loppés d'une mirepoix ; et nous les servons
avec une sauce à la périgueux. (Voir cette
sauce.)

Ce mets recherché est estimé à juste titre et fort désirable ; il est bon de noter
toutefois que l'abondance du fumet des
truffes lui communique à un assez haut
degré cette propriété stimulante du nou-
vel organe mentionné dans l'aimable ouvrage de feu M. Brillat-Savarin, intitulé
la Physiologie du Goût.

13. *Salmis de perdreaux.*

Il se prépare et compose des mêmes
moyens et ingrédiens que celui de faisan (9 de ce paragraphe.)

14. *Filets de perdreaux à la Monglas.*

(Voir cette sauce.)

15. *Filets de perdreaux à la Sainte-Ménehould.*

Est panée-grillée. (Sauce fumée de gibier.)

16. *Filets de perdreaux à la Chingara.*

Ils sont dressés avec des langues à l'écarlate, et saucés d'un fumé de gibier.

17. *Filets de perdreaux à la Orly.*

Ils sont panés et frits. (Sauce tomate.)

18. *Chartreuse de perdreaux rouges.*

On orne un moule de carottes, de navets et de choux cuits, on place ses perdreaux au milieu de cet appareil, on les recouvre des mêmes subtances, et on les met au bain-marie. Au moment de servir on renverse le moule sur un plat, et l'on arrose ce composé d'une demi-espagnole. (Voir cette sauce.)

Ce mets agréable n'est pas malfaisant.

19. *Sauté de bécasse aux truffes*.

On saute des filets de bécasses, on les dresse en une couronne, on place au milieu de cette couronne des truffes qu'on a préparées à part ; le tout est saucé d'une demi-espagnole.

Même remarque que pour le mets précédent.

20. *Salmis de bécasses*.

Il reçoit le même apprêt que celui du faisan , à la seule petite différence qu'au lieu de vin de Bordeaux son fumet est au vin de Champagne. (Voir le salmis de faisans, neuvième entrée de ce paragraphe.)

21. *Cailles au gratin.*

On désosse ses cailles, on les garnit d'une farce composée de leurs foies, de blanc de volaille, de moelle, et d'une petite panade fort légère ; après les avoir emplies on les entoure de la même farce, on les fait cuire dans un four de campagne, et on les sert avec une demi-espagnole.

On ne saurait user d'un mets plus désirable. Il est aussi bon à la santé qu'au goût.

22. *Sauté de filets de cailles au suprême.*

Comme celui de poularde dont l'indication est à la vingt-troisième entrée de volaille.

Ce mets est excellent et fort délicat.

23. *Pluvier au gratin.*

Comme celui de cailles, vingt-unième de ce paragraphe.

24. *Sauté de pluviers au suprême.*

Comme celui de filets de cailles, vingt-deuxième de ce paragraphe.

§ IV. ENTRÉES DE CROUSTADES, PATÉS CHAUDS, VOL-AU-VENT.

NOTA. La Croustade se fait avec du pain et se mange rarement.

1. *Croustade de levraut en sang.*

Nous coupons le levraut en escalope, nous le sautons et l'assaisonnons (sel, poivre, thym, laurier, oignon), nous le mouillons avec du bouillon et du vin blanc, et au moment de le servir nous lions la sauce avec le sang de l'animal que nous avons conservé.

Ce mets a du mérite pour les amateurs, mais on n'en doit manger qu'avec
réserve.

2. *Croustade de volaille.*

A peuprès comme la précédente.

3. *Croustade de grives ou de mau-viettes.*

De même.

4, 5 et 6. *Timbale de nouilles à la reine.*

Ce mets germanique est un composé
pâteux de farine, d'œufs, dont on forme
une croustade pour y recevoir une purée
de volaille, ou bien une purée de gibier,
ou bien un ragoût à la Monglas.
(Voir ce ragoût.)

Ce mets est fort estimé des Allemands.

7, 8 et 9. *Casserole de riz à la polonaise.*

On donne à ce riz la forme d'un pâté
qu'on garnit d'une purée de gibier, qu'on
orne d'œufs, qu'on décore avec des filets
mignons à la Conti. (Voyez la vingt-
troisième entrée de volaille.)

On la garnit aussi à la financière, à la
Toulouse. (Voir ces ragoûts.)

Ces mets sont dignes d'éloges.

10. *Pâté chaud à la financière.*

Il consiste en une croûte garnie d'un
ragoût à la financière. (Voyez ce ragoût.)

Ce mets est toujours savouré avec plaisir ; mais, comme il contient force truffes et champignons, on n'en doit manger
qu'avec retenue.

11. *Pâté aux cailles.*

(Voir les divers apprêts de cailles précités.)

12. *Pâté aux pigeons.*

Comme dessus.

13. *Pâté aux champignons.*

Les champignons constituant la plus forte partie de ce mets, on n'en doit manger qu'avec réserve, non parce que ce végétal peut se rencontrer mal choisi, mais parce qu'en général il est de difficile digestion [1].

[1] Je me propose de donner un peu plus loin, dans le cours de cet ouvrage, quelques conseils tirés de l'ouvrage de M. le docteur Orfila, et autres médecins habiles, pour le cas d'empoisonnement par cette substance.

14. *Pâté de ris de veau aux fines herbes.*

(Voir la trente-cinquième entrée de boucherie.)

15. Pâté aux godiveaux.

16. Pâté aux quenelles.

17. Pâté à l'escalope de saumon.

18. Pâté au saumon.

19. Pâté d'anguille.

Il est indigeste.

20. *Pâté de légumes.*

Sauf la croûte, ce pâté est salubre, et une infinité d'autres.

En thèse générale, comme l'une des pièces que l'usage a rendues essentielles, le pâté ne peut manquer à un repas sans qu'on y trouve à dire; mais on n'en doit

que peu manger, surtout lorsqu'on n'a
pas un bon estomac.

21. *Timbale de macaroni à la mila-
naise.*

Cette pièce offre à peuprès la forme
d'un pâté, et sa garniture est composée
de macaroni au Parmésan.

Ce mets est fort échauffant.

22. *Timbales au fumet de gibier.*

Consulter les réflexions qui accompa-
gnent les diverses pièces de gibier dont
ces timbales se composent.

23. *Timbales aux quenelles.*

(Voir farce à quenelle.)

24. *Timbales à la blanquette de volaille.*

(Voir blanquette de volaille).

25. *Vol-au-vent à la Nesle.*

Sa croûte est feuilletée ; on la garnit avec de grosses quenelles à l'espagnole. (Voir farce à quenelle).

26. *Vol-au-vent à la financière.*

Croûte pareille au mets précédent, et garniture d'un ragoût à la financière. (Voyez ce ragoût.)

27. *Vol-au-vent à la Béchamel.*

(Voyez ragoût à la Béchamel).

28. *Vol-au-vent à la morue.*

Ce mets est peu salubre.

29. *Vol-au-vent de légumes.*

Ce mets est assez salubre.

En général, pour les vol-au-vent, on peut faire des remarques analogues à celles des pâtisseries de farces et ragoûts.

§ V. ENTRÉES DE POISSONS.

1. *Darne de saumon grillée, sauce aux huîtres.*

Voyez cette sauce).

2. *Darne au saumon*

On la fait cuire dans une mirepoix, du vin de Champagne, de la sauce espagnole ou de l'hollandaise. (Voir ces sauces.)

3. *Darne de saumon au beurre de Montpellier.*

(Voyez ce beurre à l'article des sauces).

4. *Escalope de saumon aux fines herbes.*

4. *Emincés de saumon à la Béchamel.* (Voyez cette sauce).

Mêmes remarques pour ces mets (sauf

les sauces) que pour le deuxième relevé du § II.

Il y a encore quelques autres entrées de ce poisson ; mais, je le répète, il est dur et de difficile digestion.

6, 7 et 8. *Esturgeon.*

Il est cuit à la broche ou à la sauce avec un coulis d'écrevisses.

Idem avec sauce tortue.

Idem avec une sauce aux tomates. (Voir ces sauces.)

Même remarque qu'au quatrième article du § II.

9. *Darne d'esturgeon.*

Elle est apprêtée au vin de Madère et saucée d'une madère. (Voir cette sauce).

Ce mets est peu recommandable.

10. *Truites à la maître-d'hôtel.*

Elles sont cuites sur le gril et saucése d'une maître-d'hôtel. (Voir cette sauce.)

11. *Truites au bleu.*

Elles sont cuites au court-bouillon et se servent refroidies, à l'huile et au vinaigre, poivre et sel.

12. *Truites en caisse.*

Elles sont cuites sur le gril dans une caisse de papier avec du beurre et des fines herbes.

13. *Truites à la Orly.*

Elles sont frites et garnies d'une sauce hollandaise. (Voir cette sauce.)

La truite, comme je l'ai déjà fait remarquer, est un excellent poisson d'un usage fort salubre (sauf les sauces qu'il faut toujours consulter). Il faut toutefois observer que la truite au bleu durcit quand elle est conservée plus d'un jour; que dans cet état elle est difficile à digérer, et indigne de figurer sur un bonne table.

14. *Alose.*

L'apprêt de ce poisson est fort simple, le plus souvent : on le fait cuire sur le gril, et on le sert avec une purée d'oseille.

Il est de difficile digestion.

15. *Émincés de turbot.*

A la Béchamel, au gratin (voyez sauce Béchamel).

16. *Turbot à la royale.*

Il est pané et frit.

17 et 18. *Turbotin.*

Mêmes apprêts que le précédent.

19 et 20. *Barbue.*

Comme les précédens.

21. *Morue à la Béchamel.*

(Voir cette sauce.)

22. *Morue à la provençale.*
(Voir la sauce provençale.)

Ce poisson a la chair coriace, dépourvue de substances nutritives, et n'est digéré que par les estomacs robustes.

23, 24 et 25. *Darnes de cabillaud.*

Ces darnes s'apprêtent à diverses sauces, comme :

A la sauce aux huîtres;

A la sauce aux crevettes;

Au beurre d'écrevisses.

(Voir ces sauces et ce beurre.)

Sauces à part, ce poisson est fort bon
et passe bien à tous les estomacs.

26. *Raie au beurre noir.*

(Voyez sauce au beurre noir.)

Elle se digère difficilement, et ne convient qu'aux estomacs forts.

27. *Premier sauté de filets de Soles : A l'italienne.*

Ils sont sautés au beurre avec un peu
de sel, de la mignonnette et une sauce
italienne (voir cette sauce).

28. *Deuxième sauté de filets de soles : A la vénitienne.*

(Voyez sauce à la vénitienne.)

29. *Troisième sauté de filets de soles : A la dauphine.*

Avec une sauce homard (voir cette
sauce).

30 et 31. *Sole à la Orly.*

La sole est frite, et servie de deux ma-nières, savoir :

A la sauce tomate ;

A la Villeroi.

(Voir ces sauces.)

Ce poisson est fort délicat et salubre.

32, 33, 34 et 35. *Filets de merlan.*

Absolument comme ceux de la sole.

Il est salubre.

36 et 37. *Carlet.*

Les mêmes apprêts que pour le turbot. (Voir les quinzième et seizième articles de ce paragraphe).

38, 39 et 40. *Rouget.*

Il est grillé, puis servi avec l'une des trois sauces suivantes :

A la sauce hollandaise ;

A la sauce génoise ;

A la sauce aux huîtres,

(Voir ces sauces.)

41. *Rouget à l'eau et au sel.*

On le sert avec une sauce maître-d'hôtel liée (voir sauce à la maître-d'hôtel).

Ce poisson , que les médecins permet-
tent aux convalescens (abstraction faite
des sauces dont il faut consulter les réflexions), est fort bon et de facile digestion. Il a une chair blanche fort nu-
tritive.

42 et 43. *Grondin grillé.*

On le sert avec les deux sauces suivantes :

Aux câpres ;

A la pluche verte.

(Voir ces sauces.)

Ce poisson a une réputation analogue au précédent.

44 et 45. *Maquereau.*

Ce poisson s'apprête de diverses manières, mais principalement des deux manières suivantes :

A la sauce moutarde ;

A la maître-d'hôtel.

La chair de ce poisson est huileuse et de difficile digestion ; de plus, son apprêt est fort irritant : les personnes à estomacs délicats feront bien de n'en pas manger.

46 et 47. *Hareng.*

Ce poisson se prépare aux deux mêmes sauces que le précédent.

La chair du hareng est de meilleure qualité que celle du maquereau, et, sauf les sauces, elle est assez salubre.

48. *Vive à la maître-d'hôtel.*
(Voir cette sauce .)

49. *Vive à l'italienne.*
(Voir cette sauce.)

50. *Vive aux câpres.*
(Voir sauce aux câpres.)

Ce poisson est fort estimé pour le goût exquis de sa chair, qui est ferme sans dureté; il est, suivant l'expression de *Duhamel,* « l'honneur des bonnes tables. » Enfin, toutes réserves faites relativement aux sauces, dont il faut examiner les qualités, c'est un aliment fort salubre; mais à Paris on en fait peu de cas.

51. *Perche à la Waterfich.*

On fait d'abord cuire ce poisson à l'eau salée, puis on le sauce avec une portugaise, à laquelle on ajoute quelques feuil-

les de persil et la pulpe coupée d'un citron (voir la sauce portugaise).

Ce poisson est de bon goût et fort salubre : on le regarde même comme restaurant pour les convalescens, en faisant
observer qu'une perche de moyenne gros-
seur offre une chair plus facile à digérer
que celle de la grosse.

52. *Brochet à l'allemande.*

Il est pané à la Sainte-Ménéhould , et
servi avec une sauce allemande (voir cette
sauce).

Ce mets est assez recommandable.

53. *Brochet à la Béchamel.*
(Voir cette sauce).

Ce mets n'a rien que de louable.

54. *Brochet en papillotte.*

C'est aux fines herbes.
Même remarque que dessus.

6

55. *Lamproie en matelotte.*

Ce poisson se prépare comme l'anguille (voyez ci-dessous). Il est passable au printemps ; en toute autre saison, il est insipide, dur et coriace. Il est, de plus, en tout temps fort indigeste.

56. *Anguille en matelotte.*

L'anguille étant écorchée, on la coupe en tronçons ; on la dépose dans une casserole avec parties égales de vin blanc et de bouillon, des ciboules, du persil, du sel et du poivre. La cuisson étant opérée, on fait un roux, qu'on mouille avec du fond de cette cuisson même, et qu'on unit à la première partie ; puis on sert.

Cet apprêt est, il est vrai, stimulant ; mais il convient à la chair huileuse et indigeste de ce poisson, dont on ne doit manger qu'avec réserve.

57. *Anguille à la broche.*

On pique cette pièce, on la fait cuire à la broche, et on la sert avec une sauce tomate.

Nos remarques sur ce mets sont analogues à celles du précédent.

58. *Anguille à la tartare.*

On fait cuire des tronçons d'anguille, après quoi on les pane, après les avoir roulés dans du blanc d'œufs battu ; cela étant fait, on les fait griller sur le gril , et on les sert avec une sauce tartare (voir cette sauce).

Mêmes remarques que pour les précédens mets.

Nous le répétons : en général, ce poisson, huileux et visqueux, quoique d'un goût agréable, est fort indigeste, quel que soit son apprêt. Son mode de préparation

le plus tolérable consisterait à le faire
cuire sur le gril, sans autre assaisonnement que du sel.

J'ai lu que les pêcheurs des lacs maré-
cageux et salins de *Comachio*, dans le
Ferrarais (Italie), font leur principale
nourriture de ce poisson, grillé tout uni-
ment, sans que leur santé en souffre.
Bien plus, prétend l'auteur de cette rela-
tion, des jeunes gens de faible constitu-
tion, menacés de consomption, sont en-
voyés dans cette localité, où ils partagent
les travaux et les alimens des indigènes
avec avantage pour leur santé. *Spalan-
zani* dit avoir goûté sur les lieux de l'anguille ainsi apprêtée, et l'avoir trouvée
non seulement délicieuse, mais de facile
digestion.

59. *Barbeau.*

On l'apprête au court-bouillon.

La chair de ce poisson est blanche et

délicate, mais d'une mollesse qui la rend insipide pour bien des personnes. Les naturalistes nous apprennent que ses œufs sont purgatifs par haut et par bas, ce qui est pour lui une note fort désavantageuse : cependant, à ma connaissance, les habitans des bords d'une moyenne rivière appelée *la Sioule*, qui coule dans les montagnes du département du Puy-de-Dôme, et va unir ses eaux à celles de l'Allier, dans le Bourbonnais, savourent avec délices le barbeau et le barbillon, qu'on y pêche en abondance, sans en être incommodés. Cela tient peut-être à la qualité des eaux de cette rivière, qui est alimentée par des ruisseaux d'eaux fort vives et par une multitude de sources minérales.

60. *Tanche.*

Ce poisson d'eau douce est fort délicat, mais beaucoup de personnes trouvent sa chair visqueuse ; et ce motif, joint à ce qu'il vit dans les eaux bourbeuses, fait qu'il est peu estimé.

61. *Congre*, ou *anguille de mer*.

Ce poisson reçoit les mêmes apprêts que l'anguille d'eau douce (voir les articles 56, 57, et 58 de ce paragraphe).

Sa chair est blanche et douce au goût, mais de difficile digestion.

62. *Carpe en matelotte.*

Cet apprêt et composé de beurre, vin et assaisonnement.

Ce mets est assez bon, mais ne convient qu'aux forts estomacs.

63. *Carpe frite.*

Ce mets est de bon aloi.

Les carpes pêchées dans les lacs ou les étangs ont un goût vaseux qui rend leur chair peu agréable et même peu saine.

Il n'en est pas ainsi des carpes fluviales : celles du Rhin, de la Loire et de la Seine, que l'on voit sur nos tables parisiennes, sont les plus estimées : la chair en est de légère digestion, et les laitances en sont fort désirées.

Les chimistes ont cependant démontré que la laitance est la partie des poissons qui contient le plus de phosphore.

64. *Pain d'éperlan.*

Pour préparer ce mets, on fait d'abord une farce maigre de poisson; puis on dresse des filets d'éperlan dans un moule beurré, qu'on achève d'emplir avec la farce indiquée; après quoi on fait cuire au four, on sauce d'une espagnole (voyez cette sauce), et l'on sert.

Cet excellent mets convient à tous les tempéramens.

§ VI. Entrées de farces.

1. *Pain de foies gras.*

On mêle ensemble des foies gras de volailles (d'oies ordinairement), une panade et du beurre frais ou du lard ; on pile le tout fort exactement, puis on ajoute des jaunes d'œufs, du sel, des épices et un peu de fines herbes ; on fait cuire ce composé, et on sert froid avec de la gelée.

Ce mets est fort indigeste.

2. *Pain de volaille.*

Son mode de préparation est le même que celui du précédent, mais au lieu de foies gras c'est de la chair de poulet qu'on emploie.

Cet excellent mets est loin d'offrir les inconvéniens du précédent. Cependant, à

à cause des épices qu'il reçoit, on n'en doit
en manger qu'avec réserve.

3. *Pain de gibier.*

Ce mets est analogue au précédent, à
la seule différence qu'au lieu de poulet
c'est du gibier qu'on y fait entrer.

4. *Grosses quenelles de volailles enfumées ou à l'essence.*

(Voir la farce à quenelles).

5. *Quenelles de gibier à la Richelieu.*

C'est une farce de gibier à laquelle on
ajoute quelques truffes hachées qu'on
forme en quenelles, qu'on passe et qu'on
fait griller.

Ce mets a beaucoup de mérite, mais
on n'en doit manger qu'avec réserve.

6. *Rissoles à la russe.*

C'est un hachis de viandes (gibier ou

autres) que l'on enveloppe dans un disque de pâte plié en deux, et qu'on fait frire en cet état.

Ce mets se sert comme hors-d'œuvre, comme les petits pâtés, les anchois, le thon, les sardines, etc.

En général, les farces et les pâtisseries ne doivent être mangées qu'avec circonspection à cause de leurs qualités échauffantes ou indigestes.

§ VII. ENTRÉES FROIDES.

1. *Aspic de blanc de volaille.*

On dresse dans un moule *ad hoc* des filets de volaille en forme de couronne au fond et autour de l'intérieur de ce vase, et on en emplit la capacité avec une gelée de viande clarifiée.

Ce mets est d'assez bon goût ; mais les gelées, regardées jusqu'ici comme un aliment léger, sont, d'après la majorité des membres de l'Académie actuelle de médecine, des diminutifs de colle forte offrant peu de substances alimentaires. C'est par cette raison que cette société savante refusa son approbation à l'introduction de la gélatine comme aliment pour les grands établissemens de bienfaisance; ce qui lui a été proposé avec beaucoup d'instance par M. *Darcet*, célèbre pharmacien de la capitale.

2. *Aspic aux filets de sole.*

Les filets de sole sont disposés comme les filets de volailles dans le mets précédent, et garnis de la même manière.

3. *Magnonaise de volaille à la reine.*

C'est une espèce de salade de volaille.

Ce mets simple n'offre rien de défavorable à la santé.

4. *Chaud-froid de perdreaux à la gelée.*

On a d'abord fait cuire ses perdreaux à la broche ; on les a dépecés. On en prend les débris qu'on met dans une casserole avec du vin du Rhin et une échalotte. Cette essence faite on la passe, on la remet sur le feu avec suffisante quantité d'espagnole (voir cette sauce), et l'on travaille ce nouveau mélange jusqu'à ce qu'on l'ait réduit à l'état de velouté, après quoi on le laisse refroidir, et dans cet état on en masse ses découpures de perdreaux qu'on a préalablement dressées avec de beaux croûtons de gelée à la moderne.

Ce mets, l'un des chefs-d'œuvre de l'art, n'a que d'excellentes qualités.

5. *Perdreaux en galantine.*

C'est à la gelée.

6. *Noix de veau au beurre de Mont-*
pellier.

(Voir beurre de Montpellier).

7. Côtelettes de veau à la Belle-vue.

8. Côtelettes de mouton à la gelée.

9. Langues de mouton à la gelée.

10. Côtes de bœuf à la gelée , etc.

Tous ces mets n'ont rien que de louable.

Réflexions sur les entrées.

On voit que nos entrées sont nombreu-
ses, et dignes au moins d'autant d'éloges
que les relevés. Tous ces mets sont exquis quand ils ont été apprêtés avec soin,
ce qui, à la vérité, réclame un artiste habile au moins pour certains, et toute la
libéralité d'un maître qui ne lésine pas
pour les fournitures de sa table. Malheu-
reusement il n'en est pas toujours ainsi ;

car il est trop de maîtres qui, ayant adopté l'axiôme proverbial qui dit *que l'on doit manger pour vivre, et non vivre pour manger*, arrêtent l'essor du talent culinaire par une funeste économie. Mais, Messieurs, permettez-moi de vous représenter qu'*économie* et *bonne chère* ne s'accordent pas, et qu'on ne saurait avoir une table splendide et parfaite, en goût comme en éclat, quand on veut épargner sa bourse.

Chapitre Quatrième.

DES ROTIS.

1. Chapon au cresson.
2. Poularde piquée.
3. Dindonneau lardé.
4. Poulet gras.
5. Faisan faisandé.
6. Canard sauvage.
7. Sarcelle.
8. Bartavelle.
9. Perdreaux rouges.
10. Bécasse.
11. Rôtis de pain.
12. Pigeons.
13. Cailles à la feuille de vigne.
14. Mauviettes.

15. Grives.
16. Merles.
17. Pluviers dorés.
18. Rouges-gorges.
19. Becque-figue.
20. Ortolans.
21. Vanneaux.
22. Gélinottes.
23. Ramiers.
24. Guignard.
25. Lapereau.
26. Lièvre et levraut.
27. Quartier de sanglier mariné.
28. Quartier de chevreuil ou de daim piqué.
29. Hatelet d'éperlans.
30. Gougeons de la Seine.
31. Buisson d'écrevises.
32. Buisson de truffes.
33. Homard.

Voici, si ma mémoire est fidèle, les divers rôtis de notre table française.

Généralement les viandes rôties sont salubres, et toute espèce d'estomac s'en accommode bien si elles ont été servies de suite, car il en est des rôtis comme des entrées, dès l'instant que ces alimens tardent à être servis sitôt leur apprêt, ils perdent leurs qualités nutritives, deviennent durs et coriaces, et par conséquent insalubres. (Avis aux amphitrions.)

Chapitre Cinquième.

DES RAGOUTS, CONSOMMÉS, JUS, BRAISES, GLACES, SAUCES, ETC.

---

§ I.

1. *Ragoût à la Monglas.*

Ce mets est un composé de foies gras, truffes, champignons, blancs de volaille, langue à l'écarlate, le tout coupé en dé, et saucé d'une espagnole et d'un velouté.

Ce mets, que certaines personnes savourent avec plaisir, est assez indigeste, et ne saurait convenir aux estomacs délicats.

2. *Ragoût à la financière.*

Il est composé de truffes, champignons, quenelles, crêtes de coqs, et d'une sauce espagnole. (Voyez la première sauce.)

Ce mets est assurément fort bon pour les bons estomacs, mais les estomacs délicats ou irrités le supportent difficilement.

3. *Ragoût à la régence.*

Il se compose de truffes tournées en olive, de quenes d'écrevisses, de crêtes de coqs, de langues de carpes, de quenelles de gibier et d'une bonne espagnole. (Voir cette sauce.)

Mêmes remarques que pour le précédent.

4. *Ragoût à la Toulouse.*

Il se compose de champignons, de crêtes et de rognons de coqs, de quenelles , de volaille et d'une sauce allemande. (Voir cette sauce.)

Même appréciation qu'aux précédens.

5. *Ragoût à la Chipolata.*

C'est un composé de carottes et navets tournés en olives , d'ognons , de marrons , de petites saucisses cuites à l'eau , de petit lard et de champignons , le tout mouillé d'espagnole. (Voir cette sauce.)

Ce ragoût est assez recherché dans nos grandes cuisines, et ne pourrait être nuisible à la santé que par l'abus qu'on en pourrait faire.

6. *Ragoût de laitances de carpes.*

Il est bon que le lecteur se rappelle ici que les naturalistes et les chimistes qui ont démontré que toutes les parties des poissons sont plus ou moins imprégnées de phosphore, ont également reconnu que

les laitances sont les parties qui en contiennent le plus.

7. *Ragoût à la Périgord.*

Ce mets est un composé de champignons, quenelles, truffes tournées en
boucles, marrons, le tout mouillé d'une
demi-glace et d'un peu de Madère réduit.

§ II.

Jus de bœuf.

Il se compose de tranches de bœuf,
parures de veau, mouton, volaille, une perdrix, bouquet garni comme au deuxième
bouillon, persil, deux feuilles de laurier ;
le tout mouillé d'une quantité suffisante
du premier bouillon.

Ce jus est *extrémement* nourrissant, et
n'offre aucun inconvénient pour la santé
des personnes qui ont besoin d'être res-
taurées.

Consommé.

C'est un bouillon de viande fort saturé; se transformant en gelée par le refroidissement.

On peut ajouter au consommé des réflexions analogues à celles du jus de bœuf.

Blond de veau.

Il se compose de chair de veau, quelques tranches de jambon maigre, carottes et ognons ; le tout cuit dans un bouillon.

Cette espèce de jus sert à colorer des potages, à mouiller diverses entrées, et pour les petites sauces brunes.

Essence de gibier.

C'est un suc onctueux de gibier obtenu par l'ébullition, lequel est fort nutritif. Il prend le nom de l'espèce de gibier duquel on le tire. C'est ainsi qu'on obtient de

l'essence au fumet de perdreau, de bécasse, de faisan, de lapereau, de grives,
d'alouettes, etc.

Essence de légumes.

Ce sont les sucs rapprochés de carottes,
navets en assez grande quantité, unis à
du céleri, des laitues et des ognons, et
mouillés de bouillon.

Glace de volaille.

C'est un suc de volaille mouillé avec du
blond de veau, puis réduit jusqu'au point
qu'en terme de cuisine on nomme glace.
Il n'entre point de sel dans cette préparation, la réduction lui en donnant suffisamment.

Glace de veau.

Se prépare comme la précédente. Cette
glace est celle qui s'emploie le plus communément. C'est avec elle qu'on glace les

relevés et les entrées qui en sont susceptibles.

Braise.

On nomme une braise, l'apprêt de bardes de lard et de tranches de veau qu'on
dispose au fond et autour de l'intérieur
d'une casserole, avec assaisonnement, et
dans laquelle on dépose la pièce d'entrée
qu'on y veut mettre cuire.

Poéle.

C'est un composé de jambon, carottes,
ognons, thym, laurier, girofle, mouillé avec du consommé, dans lequel on fait
cuire une volaille ou autre pièce d'entrée.

Mirepoix.

C'est encore un fond pour la cuisson
d'un mets d'entrée ou de relevé. Il ne diffère du précédent que par la chair de veau

coupée en dez , les champignons et le vin de Madère qu'on y fait entrer.

La braise , la poêle et la mirepoix sont échauffantes , et les substances alimentaires cuites dans ces fonds, retiennent toujours ce principe aromatique qui , pour beaucoup de santé , est nuisible.

Blanc.

Ce fond est composé de graisse de bœuf et lard coupés et passés au feu avec addition de beurre , de tranches de citrons , de quelques assaisonnemens et d'eau.

Court-Bouillon.

C'est un fond particulier pour le poisson . Il se compose de carottes et ognons émincés , persil , laurier , thym , mignonnette , parties égales de consommé , le tout cuit ensemble , après quoi on y plonge son poisson afin qu'il y cuise à son tour.

Ce fond est excitant et échauffant à un assez haut degré.

Marinade.

C'est un composé de carottes, ognons, persil, laurier, basilic, thym, sel, mignonnette, vinaigre et eau.

C'est dans cette espèce de fond qu'on fait macérer à froid les chairs qu'on veut faire mariner: telles sont celles de chevreuil, cerfs, sanglier, bœuf, etc.

Nous avons déjà fait remarquer que les substances marinées sont peu salubres.

Pâte à frire.

C'est un composé d'eau et de farine délayées ensemble assez long-temps pour leur faire prendre la consistance d'une pâte mollette et lisse, à laquelle on unit un blanc d'œuf fouetté et quelquefois une cuillerée à bouche d'huile.

Quand on mange des mets enveloppés de cette pâte, on doit, pour peu qu'on ait un estomac irritable, les séparer de leur croûte frite ou carbonisée, parce qu'elle est nuisible à la santé.

Cette qualité pernicieuse des surfaces des choses frites ne doit pas éloigner les personnes qui aiment les bonnes fritures d'en manger, car, avec la légère précaution indiquée, ces mets sont aussi salubres qu'agréables.

Farce à quenelles.

C'est un composé de chair de veau, ou mieux de volaille bien pilée, de panade, de beurre à parties à peu près égales, le tout bien mêlé et assaisonné de sel, de muscade et de jaunes d'œufs, cuit dans du bouillon.

On en fait au gibier, ainsi qu'au poisson.

On en fait à l'anglaise qui sont composées de graisse de bœuf hachée, de mie de pain, de fines herbes, sel et épices ; enfin jaune d'œuf.

On fait aussi des farces cuites qui ne diffèrent des autres qu'en ce que les viandes qu'on y emploie sont cuites d'avance.

Godiveau.

C'est une autre farce qui, quand elle est bien faite, est toujours savourée avec plaisir. Elle se compose de graisse de bœuf et de chair de veau hachées ensemble et que l'on finit comme les précédentes.

§ III. SAUCES.

1. *Sauce Espagnole.*

On met du cuissot de veau coupé par morceaux dans une casserole, on ajoute quantité suffisante de consommé pour le faire suer ; quand la décoction est faite, on achève de mouiller avec du grand bouillon, et on ajoute un peu de jambon, des perdrix, des champignons, de l'ognon, des carottes, un bouquet garni ; ce qui étant achevé, on passe, on ajoute un roux, on remet sur le feu et on dégraisse et travaille à grand bouillon jusqu'à réduction en un velouté de bon goût.

Il est à remarquer que cette sauce ne reçoit pas de sel, parce que le consommé et la réduction lui en donnent autant qu'il est nécessaire. Enfin, cette sauce est aussi salubre qu'agréable.

2. *Sauce veloutée.*

C'est la précédente, à la seule différence qu'au lieu de recevoir des perdrix, elle reçoit de la volaille, et est mouillée de bouillon blanc, car elle doit être très-blanche. On la confond vulgairement avec cette sauce blanche commune composée de beurre et de farine, ce que j'appelle de la colle (sauce très-difficile à digérer) ;

c'est pourquoi bien des personnes ne la voient qu'avec répugnance ; mais les vrais dégustateurs savent bien la distinguer et l'apprécien t à toute sa valeur.

3. *Sauce Béchamel.*

Elle se compose de parties égales de la précédente et de crême travaillées ensemble.

Cette sauce est pour le moins aussi recommandable que la précédente.

4. *Sauce italienne.*

On met dans une casserole une cuiller à bouche de persil haché, demi-cuillerée d'échalottes avec autant de champignons hachés bien fin, un quart de litres de vin blanc, gros comme unœuf de beurre, et on fait bouillir jusqu'à réduction ; alors on ajoute une cuillerée à pot de velouté, autant de consommé, et on travaille ce mélange en le faisant réduire.

Cette excellente sauce est un peu insalubre.

5. *Sauce blanche.*

C'est un mélange de beurre, de farine et d'eau assaisonné et tourné dans une
casserole sur le feu, jusqu'à ce qu'il ait
acquis la consistance de sauce.

Elle est, comme je l'ai déjà fait remarquer, de difficile digestion ; cependant, il
faudrait qu'on en abusât pour qu'elle fût
nuisible à la santé.

6. *Sauce poivrade.*

Nous mettons dans une casserole, bran-
che de persil, feuille de laurier, quelques
ciboules, un peu de thym, une pincée de
poivre, un verre de vinaigre, puis nous
faisons réduire ; après quoi nous ajoutons
une cuillerée à pot d'espagnole, nous passons à l'étamine et achevons au bain-marie.

Cette sauce est fort piquante, stimule vivement l'appétit : mais elle irrite l'estomac, et par conséquent ne convient à presque aucun.

7. *Sauce piquante.*

On met dans une casserole un peu de thym, une feuille de laurier, deux gousses de poivre rouge (piment enragé), et un demi-verre de vinaigre ; on fait réduire et enfin on ajoute quantité suffisante d'espagnole. Cette sauce, encore plus forte que la précédente, a des qualités analogues et même plus intenses. Galien défend *les épices principalement* aux personnes d'un tempérament bilieux.

8. *Sauce à la maître-d'hôtel.*

Elle est composée de beurre, de persil haché, de sel et d'un peu de gros poivre, le tout manié ensemble et délayé du jus d'un citron.

On s'en sert en la vidant sur les mets auxquels elle convient, au moment de les servir.

Cette sauce appétissante est aussi un peu irritante, mais n'offre que de beaucoup moindres inconvéniens que les précéden- tes.

9. *Sauce à la crême.*

Comme la sauce blanche (cinquième), à la différence qu'an lieu d'eau on y fait entrer du lait ou de la crême.

10. *Sauce hollandaise.*

Pour la composer, on prend du ve- louté réduit (deuxième sauce), auquel on ajoute un peu de gros poivre, le jus d'un citron, un peu de persil haché et un peu de beurre ajouté au moment de servir.

Cette sauce est peu irritante et mérite des éloges.

11. *Sauce Robert.*

On met dans une casserole du beurre et des ognons hachés qu'on fait d'abord roussir, puis on ajoute une cuillerée d'espagnole, et on finit la composition par l'addition d'un peu de moutarde au moment de servir.

Cette sauce est irritante pour beaucoup d'estomacs, et ne convient guère qu'aux individus peu impressionnables des climats froids et humides.

12. *Sauce au beurre d'anchois.*

C'est une sauce espagnole (première), à laquelle on a ajouté du beurre d'anchois. (Voir ce beurre.)

13. *Sauce portugaise.*

On met quatre onces de beurre, trois jaunes d'œufs, le jus d'un citron, un peu d'eau', un peu de sel et de gros poivre dans une casserole et l'on fait cuire au bain-marie.

Cette sauce est assez recommandable.

M. Grimod de la Regnière ne la trouvant pas assez stimulante, conseillait d'y ajouter un peu de muscade râpée, trois gousses de petit piment rouge (enragé), bien et duement écrasé, et plein un dé de poudre de safran de l'Inde.

Le procédé de ce célèbre gastronome n'a pas été adopté, fort heureusement pour nos estomacs français!

14. *Sauce remoulade.*

Elle se compose de moutarde préparée, d'échalottes hachées, de jaune d'œuf cru, d'huile et vinaigre avec quoi on fait prendre corps à la sauce, et de sel et poivre.

Cette sauce, destinée à l'accompagnement des viandes froides, étant extrêmement stimulante, nous conseillons aux personnes délicates de n'en pas faire usage.

15. *Sauce ravigotte.*

C'est un composé de cerfeuil, pimprenelle et estragon, qu'on fait blanchir, qu'on pile ensuite et qu'on délaye dans une sauce veloutée (deuxième sauce).

Cette sauce mérite sa dénomination, et ne saurait préjudicier à la santé, à moins qu'on ait déjà l'estomac irrité.

16. *Sauce aux câpres.*

C'est une sauce blanche à laquelle on incorpore de l'anchois pilé et des câpres.

Cette sauce est fort stimulante et serait pernicieuse aux individus délicats. Généralement toute sauce excitante est contraire à la santé, comme le dit le docteur Barbier : les impressions stimulantes deviennent un obstacle à l'action de l'estomac.

17. *Sauce à l'échalotte.*

C'est un composé d'échalottes cuites au beurre et au bon jus.

Cette sauce est substantielle , quoique un peu excitante.

18. *Sauce kari.*

C'est cette sauce dont il est fait men— tion à la quinzième entrée de volaille (kari de poulet). Elle se compose de di— vers ingrédiens importés des Indes, et n'est que fort rarement demandée.

19. *Sauce tomate.*

C'est un mélange de tomates cuites en purée et de sauce espagnole (première sauce).

(Voir ce que nous en disons aux entre- mets de légumes).

8

20. *Sauce aux truffes ou périgueux.*

Elle se compose d'une espagnole réduite (première sauce) et de truffes hachées.

Cette sauce est excellente quant au goût, mais elle stimule certain organe.

21. *Sauce allemande.*

On en fait fréquemment usage dans la bonne cuisine, c'est la sauce veloutée réduite (deuxième sauce), à laquelle sont ajoutés deux ou trois jaunes d'œufs pour la lier, et qu'on finit avec du beurre.

C'est une sauce excellente qui n'offre aucun inconvénient pour la santé.

22. *Sauce bretonne.*

Elle se compose d'ognons frits, d'espagnole (première sauce), et d'une purée de haricots.

On la sert assez souvent, surtout avec
du mouton, chair à laquelle elle va bien;
elle n'a d'autre mauvaise qualité que celle
de donner des vents, et d'une odeur assez
importune.

23. *Sauce au vin de Madère.*

C'est une sauce espagnole unie à du vin
de Madère.

Elle convient avec certains mets.

24. *Sauce bigarade.*

On enlève délicatement la peau d'une
bigarade, qui est très-fine, on la coupe
en filets et on la mêle à de la demi-glace
au fumet de gibier.

La bigarade (espèce d'orange aigre et
amère) n'apporte guère que son arome
agréable à la gelée de gibier, et par conséquent ne modifie que fort peu les qualités alimentaires de cette substance.

25. *Sauce aux homards.*

On pile des œufs de homard avec du beurre, puis on passe ce mélange au tamis (c'est le beurre de homard), ensuite on coupe la chair du homard en gros dés, on l'unit à une sauce au beurre, et on sert avec le beurre de homard.

26. *Sauce au beurre.*

Elle se travaille d'abord comme la cinquième (sauce blanche), et on la finit par l'addition d'un pain de beurre.

27. *Sauce aux huîtres.*

Ce sont des huîtres qu'on ajoute à la précédente sauce.

Nos remarques sur l'une et l'autre ne nous les montrent pas sous un jour défavorable.

28. *Sauce magnonnaise.*

On mêle dans un vase deux jaunes d'œufs crus, deux ou trois cuillerées de velouté et suffisante quantité d'huile ; on fait prendre ce mélange en le tournant continuellement, puis on ajoute du sel, du gros poivre et du vinaigre en quantité rationnelle.

Cette sauce, spéciale aux entrées froides, est fort appétissante ; mais, comme tous les stimulans de l'appétit, elle a l'inconvénient d'irriter les voies digestives.

29. *Sauce aux olives.*

C'est la sauce espagnole réduite (première sauce), à laquelle on mêle des olives farcies ou non farcies.

Elle diffère fort peu de l'espagnole, et ne demanderait d'autre remarque que la difficulté avec laquelle se digèrent les olives.

8.

3o. *Sauce hachée.*

On hache de l'ognon, on le fait cuire
dans du beurre, puis on le mêle avec de
l'espagnole (première sauce), et on ajoute
des câpres, du persil et des cornichons
hachés, enfin un beurre d'anchois.

Cette sauce est fort excitante, et les individus dont l'estomac est délicat feront
bien de s'en abstenir.

3i. *Sauce vénitienne.*

C'est un mélange de la sauce veloutée
avec du persil haché et du jus de citron.

Cette sauce est de bon goût et point offensive.

33· *Sauce matelotte.*

C'est le fond d'une cuisson de poisson
(en matelotte, voir la cinquante-cinquième
entrée de poisson), à laquelle on a ajouté

de l'espagnole, et travaillée avec un pain de beurre.

33. *Sauce au beurre noir.*

Elle se compose de beurre fondu jusqu'au noir, de vinaigre, sel et poivre en quantité suffisante.

Cette sauce, quoique convenable pour certains mets, n'en n'est pas moins par elle-même échauffante et irritante.

34. *Sauce aux groseilles (à maquereau).*

On enlève les pépins de ces groseilles qu'on prend avant leur maturité, on les fait blanchir au beurre et on les jette dans un velouté.

Cette sauce employée à l'apprêt du maquereau bouilli, n'est pas nuisible à la santé.

35. *Sauce à la durcelle.*

On hache ensemble persil, champignons, ognons, truffes, ciboules et un peu de lard râpé ; on fait cuire ce mélange l'assaisonnant de sel, poivre et muscade ; enfin on la mouille avec du vin blanc et de l'espagnole (première sauce).

Cette sauce est spéciale pour les divers mets cuits en papillottes. Elle est fort stimulante, et les personnes qui ont besoin de ménager leur estomac doivent s'en abstenir : du reste, comme je l'ai déjà observé, *tout est sain aux sains.*

Chapitre Sixième.

DES ENTREMETS.

§ I. ENTREMETS DE LÉGUMES.

Asperges en petits pois.

On coupe ce légume en petits tronçons, on le fait blanchir et on le verse dans un bon velouté. (Voir la deuxième sauce.)

2. *Asperges à la sauce au beurre.*

Le titre indiquant l'apprêt, il n'y a qu'à voir la sauce au beurre, qui est la vingt-sixième.

Apprêtée de ces deux manières, l'asperge, qui par elle-même est un fort bon

légume, peut être mangée par le conva-
lescent, et convient surtout aux bilieux et
aux personnes sujettes aux maux de reins.

3. *Petits pois à la française.*

Ils sont apprêtés au beurre.

4. *Petits pois à l'anglaise.*

Ils sont cuits à l'eau et sautés au beurre.

Ces deux mets sont fort agréables et ne
peuvent qu'être regardés comme salubres : cependant les petits pois étant *ga-
zéogènes*, les convalescens n'en doivent
user qu'avec une certaine réserve.

5. *Haricots verts.*

Sautés au beurre.

6. *Haricots verts à la lyonnaise.*

7. *Haricots verts à la poulette.*

8. *Haricots verts en salade.*

Le titre indique l'apprêt.

Ce jeune légume est agréable dans sa primeur : il n'a que de louables qualités ; cependant il ne convient guère aux convalescens, car il est un peu indigeste.

9. *Artichauts à la barigoule.*

On les blanchit, on les garnit de lard râpé et de fines herbes, et on les sert arrosés d'un jus clair.

Ce légume, dans sa primeur, est fort bon ; mais, avec l'apprêt susdit, il est un peu moins digestible.

10. *Artichauts à la provençale.*

Avec la sauce à la provençale.

11. *Artichauts aux fines herbes sautés à l'huile.*

12. *Artichauts en friture.*

L'artichaut cru est de difficile digestion; cuit c'est un bon aliment. Le docteur Aulaguier, dans son savant ouvrage intitulé : *Dictionnaire des Substances alimentaires*, dit que les personnes délicates, celles dont l'estomac est faible et celles qui sont sédentaires, le digèrent assez facilement ; il est chaud, aphrodisiaque ; aussi convient-il aux phlegmatiques et aux vieillards.

13. I. *Concombres farcis.*

Avec une sauce espagnole (**V.** la première sauce).

14. II. *Concombres farcis*

Avec une sauce béchamelle (**V.** cette sauce).

Le concombre est généralement salubre, il n'y a que les sauces à consulter;

cependant quelquefois il occasionne des diarrhées.

15. *Chou-fleur.*

A la sauce hollandaise (**V**. cette sauce).

16. *Chou-fleur au parmesan, au gratin.*

Le chou-fleur serait assez salubre, mais il est flatueux (consultez ses sauces).

17. *Choux de Bruxelles au velouté.*

Quoiqu'un peu flatueux, ce légume et son apprêt n'en constituent pas moins un mets salubre et agréable.

18. *Fèves de marais à la sariette et à la crême.*

Ce mets est très-flatueux.

19. *Haricots blancs à la maître-d'hôtel.*

Ils sont sautés au beurre et aux fines herbes.

20. *Haricots blancs à la bretonne.*

C'est avec de la purée d'ognons.

Ce légume est flatueux, et l'est doublement quand il est apprêté de cette dernière manière.

21. *Cardons à la moelle.*

Ce légume, cuit dans un bon blanc, avec force dégresie pour le mieux nourrir, se sert avec une sauce espagnole et de la moelle. Ce mets est recommandable et fort estimé des gourmets.

22. *Navets au sucre, à l'espagnole.*

Ce mets de bon goût est fort flatueux.

23. *Jeunes carottes au velouté* (V. la deuxième sauce).

Ce mets est fort recommandable.

24. *Pommes de terre à la hollandaise.*

Voir la sauce hollandaise.

25. *Pommes de terre à la maître-d'hôtel.*

(Voir cette sauce.)

26. *Pommes de terre à la béchamelle.*
(Voir cette sauce.)

27. *Pomme de terre à la lyonnaise.*

28. *Pommes de terre à la crème.*

29. *Pommes de terre frites au beurre*

30. *Gâteau de pommes de terre.*

31. *Purée de pommes de terre*, etc.

Ce précieux tubercule se prête merveilleusement à toute espèce d'apprêt. Il est par lui-même fort salubre et recommandable ; il n'y a que les sauces dont il faut consulter les notes. Nous devons principalement la culture de cette plante en France à Parmantier. (Voyez ses recherches sur les végétaux.)

32. *Laitue farcie au jambon.*

On la sert à l'essence de jambon.

Ce légume rafraîchissant est recommandable comme salubre, sauf l'addition de l'essence. On sait, dit Barbier dans son *Traité d'Hygiène appliqué à la thérapeutique*, que la laitue passe pour être contraire aux plaisirs de l'amour.

33. *Laitue farcie à la sauce espagnole.*

(Voir la première sauce.)

34. *Chicorée au velouté.*

Ce mets est fort recommandable. Il est

est appétissant et rafraîchissant ; les tempéramens chauds s'en trouvent bien.

34. *Epinards à l'espagnole.*

(Voir cette sauce.)

36. *Epinards à l'anglaise.*

37. *Epinards au velouté.*

Ce légume, un peu laxatif, est excellent en général.

38s *Céleri en petits pois.*

(Voir l'apprêt des petits pois.)

Ce mets est bon, quoiqu'un peu échauffant.

39. *Céleri à la française.*

40. *Pieds de céleri à l'essence.*

41. *Pieds de céleri à l'espagnole.*

(Voir ces sauces.)

En général, quel que soit l'apprêt de ce légume, il n'en est pas moins échauffant.

42. *Aubergines à la provençale.*

Elles sont cuites sur le gril, et servies avec une sauce à l'huile et aux fines herbes.

Celui qui est faible doit s'en abstenir, car il est un peu indigeste.

43. *Macédoine.*

C'est un mélange de divers légumes, tels que jeunes carottes, navets, petits pois, pointes d'asperges, etc., saucé d'un velouté (**V.** cette sauce).

Ce mets excellent est fort salubre.

44. *Tomates aux fines herbes.*

Ce légume est classé par les naturalistes dans la famille des *solanum*, végétaux vénéneux. Les fruits de cette famille ne se mangent point en général, mais on a remarqué (**V**. le *Dictionnaire d'Histoire naturelle de Valmont-Bomare*) que celles qui sont rouges et qui contiennent de l'acide ne sont point dangereuses. Or, la tomate en état de maturité est rouge et renferme de l'acide, aussi en mange-t-on généralement sans danger. Il est cependant bon d'avertir le lecteur, que si quelqu'un par hasard s'en trouvait incommodé, on le soulagerait par une boisson acidulée, telle que de la limonade ou de l'eau vinaigrée.

45. *Champignons à la provençale.*

Sur le gril, à l'huile.

46. *Croute de champignon au velouté.*
(Voir cette sauce.)

47. *Morilles au velouté.*
(Voir cette sauce.)

48. *Mousserons à l'espagnole.*
(Voir cette sauce.)

Les champignons sont en général fort recherchés, surtout à Paris, comme mets et comme condiment. Ils sont cependant par eux-mêmes d'assez dure digestion; et, d'un autre côté, si les personnes qui en font la récolte ne sont pas très-habiles à distinguer ceux qui sont comestibles de ceux qui sont vénéneux, il en résulte de fort graves accidens pour le consommateur. Ce n'est pas ici le lieu d'entrer dans les détails explicatifs de la connaissance de ce dangerenx végétal, je me bornerai à dire que s'il résultait un empoisonnement de l'usage d'un mets aux champignons, le secours le plus urgent à donner au malade serait de lui procurer un prompt vomissement, soit au moyen de l'émétique (à la dose de deux grains dans un verre d'eau tiède), soit par une abon-

dante boisson d'eau tiède seule, ou battue
avec de la gomme en poudre, ou avec une
décoction de racine de guimauve. Après
le vomissement on ferait évacuer tout
ce qui pourrait rester de la substance
délétère, en donnant des lavemens d'eau
tiède au malade, et même des lavemens
rendus purgatifs par l'addition du miel
ou de l'huile d'olives. Enfin, après complète évacuation, le malade se mettrait
pour plusieurs jours à la diète, et à l'u-
sage de boissons adoucissantes.

Il est rare qu'en France on se trouve
privé des secours de la médecine; et tout
médecin instruit n'ignore pas que les
moyens ci-dessus indiqués sont les seuls
véritablement efficaces en pareil cas.
M. le docteur Orfila, doyen de la faculté
de médecine, assure que l'emploi des
substances aigres ou acides et du sel,
comme médicamens, serait suivi de grands
dangers.

49. *Truffes sautées.*

5o. *Truffes demi-glacées.*
(Voir cet apprêt.)

51. *Truffes à l'espagnole.*
(Voir cette sauce.)

52. *Truffes à la Périgueux.*
(Voir cette sauce.)

53. *Truffes au vin de Champagne.*

La truffe est un tubercule, ou mieux une sorte de champignon *intra-terrestre*, si je puis m'exprimer ainsi, dont le goût et l'arôme séduisent les gourmets. Cette substance est d'assez facile digestion quand elle est d'un bon choix et bien apprêtée ; mais elle est échauffante, et les auteurs s'accordent à lui assigner une propriété qui, si elle la fait rechercher de certaines tpersonnes, doit en engager d'autres à l'évi er avec soin. M. *Brillat-Savarin*, da ns son aimable badinage intitulé : *La Physiologie du Goût*, lui assigne également une grande action spéciale sur l'un des nouveaux sens de sa création.

§. II. ENTREMETS D'OEUFS.

1. OEufs brouillés aux pointes d'asperges.

2. OEufs brouillés aux truffes.

3. OEufs brouillés au jambon.

4. OEufs au beurre noir.

5. OEufs au miroir.

6. OEufs à l'aurore.

7. OEufs à la dauphine.

8. OEufs à la princesse.

9. OEufs à la polonaise.

10. OEufs à la bretonne.

11. OEufs à la suisse (au fromage).

12. OEufs à la tripe (aux ognons).

13. OEufs frits.

14. OEufs à la sauce tomate.

15. Œufs à la sauce espagnole.
16. Omelette au jambon.
17. Omelette aux rognons de veau.
18. Omelette aux champignons.
19. Omelette aux fines herbes, etc.

L'œuf, abstraction faite de ses apprêts, pour lesquels on consultera les sauces précédentes, est un assez bon aliment. Les convalescens ne peuvent guère manger d'œufs qu'à la coque, au lait ou à l'eau; quant aux personnes en santé, elles peuvent s'en nourrir avantageusement, de quelque manière qu'ils soient apprêtés, pourvu qu'ils soient fort peu cuits : le blanc d'œuf acquiert, par une coction complète, une fermeté dure qui le rend indigeste ou inassimilable , et conséquemment, sinon nuisible, au moins inutile comme aliment.

On peut donc se nourrir avec les œufs des *gallinacées*, mais il serait pernicieux d'en faire sa nourriture constante pen-

dant un temps un peu prolongé, car alors
ils seraient fort échauffans.

§ III. ENTREMETS DE DOUCEURS ET DE PETIT FOUR.

1. Gelée de violette.
2. Gelée de fleurs d'oranger.
3. Gelée de fraises.
4. Gelée de groseilles.
5. Gelée de cerises.
6. Gelée de verjus.
7. Gelée d'épine-vinette.
8. Gelée de grenade.
9. Gelée d'abricots.
10. Gelée d'ananas.
11. Gelée d'oranges.
12. Gelée de citron.

Ces diverses friandises n'ont en général rien que d'agréable au goût et de salubre au corps ; cependant il en est auxquelles on ne peut donner du corps qu'à l'aide de force colle de poisson , dont nous sommes d'avis qu'on ne doit manger qu'avec réserve.

19. *Blanc-manger à la vanille.*

On pile parfaitement trois quarts de livre d'amandes douces et quelques amandes amères, on délaye la pâte qui en résulte avec quatre verrées d'eau, puis on passe à la serviette; ensuite on sucre suffisamment et on parfume à la vanille. Cela fait, on colle à la colle de poisson et on met à la glace.

Le blanc-manger est toujours dégusté avec délice; il excite à la gourmandise par sa blancheur éclatante et par le suave parfum de l'amande, aussi suave qu'agréable. Ce mets est tempérant et adoucissant. Cependant, à cause de la colle de poisson qu'il contient en assez grande quantité, on ne doit pas en manger avec excès.

20. *Fromage aux noix vertes*, dit
bavarois.

On pèle les noix comme on fait pour
les amandes ; on les délaye avec de la
crême, puis on ajoute de la colle de poisson et du sucre en suffisante quantité. On
fait ensuite prendre à la glace, et dès que
le mélange prend un aspect *velouté*, on
y amalgame un fromage à la Chantilly,
qui n'est autre chose qu'une crême fouettée, puis l'on met au moule et à la glace.

On en fait à divers parfums.

Cet entremets est fort moelleux : on
peut le considérer, sous le rapport salubre,
comme le précédent.

21, 22, 23, 24, 25, 26 et 27. *Crême
française au café.*

On fait bouillir une pinte de lait, on y
fait infuser du café brûlé, on met ensuite
le tout dans une casserole avec dix jaunes

d'œufs qu'on y délaye; on fait prendre sur le feu jusqu'à consistance convenable, puis on ajoute la colle et le sucre, après quoi on mêle un fromage à la Chantilly, comme pour le mets précédent, et on met à la glace.

On fait de pareilles crêmes au chocolat, au thé, à la fleur d'orange, à la vanille, aux avelines, aux pistaches, etc.

Il y a des crêmes pour lesquelles on n'emploie pas de colle ni de crême fouettée; ce sont sans contredit les crêmes les plus estimables pour les convalescens.

Il y a encore de simples crêmes fouettées que l'on parfume soit à la rose, à la fleur-d'orange, aux fraises, etc.

28. *Charlotte Russe.*

On monte des biscuits à la cueillerée autour de l'intérieur d'un moule et on garnit le vide central d'une crême à la française ou autre.

On ne mange généralement que fort peu de ces *bonnes choses*, et l'on fait bien, surtout et relativement à celles qui reçoivent beaucoup de colle de poisson.

29. *Crême pâtissière.*

On délaye un peu de farine avec du bon lait et des jaunes d'œufs, on parfume et on sucre, on fait cuire et on ajoute quelques marrons écrasés.

Cette crême très-épaisse est employée à la garniture de petites pièces de pâtisserie ; elle est un peu indigette.

30. *Suédoise de pommes.*

Destinée à la construction d'édifices, tels que colonnes, cascades et pavillons, etc.

Nous prenons de belles pommes de

rainette que nous épluchons et taillons de manière à ce qu'elles aient la forme de diverses pierres à édifice ; nous les faisons cuire dans du sirop, puis nous les employons à la construction de l'édifice que nous avons voulu faire, à l'aide d'un plat d'entremets et de marmelade d'abricot.

Autres préparations d'entremets
de pommes.

31. Pommes meringuées.

32. Pommes sautées, ou beurre à la gelée.

33. Pommes au caramel.

34. Pommes à la minute.

35. Pommes à la crême.

36. Pommes en croustades.

37. Pommes aux transparentes.

38. Pommes en charlotte.

39. Pommes au riz.

40. Pommes en historiées.

41. Pommes au raisin muscat.

42. Turban de pommes au riz.

43. Pommes au riz en gratin.

44. Pyramide de pommes au riz.

45. Pyramide en gradins.

46. Pyramide en timbale glacée.

47. Pyramide en baignets.

48. Pyramide en pâté ou en tourte, etc.

49. *Bouding anglo-français, aux pommes.*

On fait une pâte demi-feuilletée ; on a un moule beurré en forme de dôme, dans lequel on monte cette pâte ; on y place ses pommes crues, on les sucre, on ajoute un couvercle de la même pâte à l'entrée du moule, on enveloppe le moule garni dans un linge, et on le plonge dans de l'eau en ébullition où on laisse cuire le pouding durant trois ou quatre heures, après quoi on démoule, on sème à la surface du sucre concassé, et l'on sert.

On fait de pareils boudings avec divers fruits.

La pomme n'est pas, à proprement parler insalubre; cependant, prise en certaine quantité, elle est laxative; ce qui m'oblige à recommander aux personnes qui ont le ventre libre de n'en manger qu'avec réserve, surtout à l'issue d'un bon repas. Quant aux pâtisseries qu'elles parent ordinairement, on doit les considérer comme assez indigestes, surtout cette pâte anglaise cuite à l'eau.

Puisque nous en sommes au bouding de pommes, nous allons profiter de l'occasion pour faire connaître à nos lecteurs un mets de nature analogue.

5o. *Plum-Bouding*.

On met dans une terrine une demi-livre de farine, autant de graisse de rognon de bœuf hachée, un quart de mie de pain, une demi-livre de raisins de Corinthe, autant de raisains muscats, le quart d'un cédrat coupé en dé, un peu de zeste de citron, la moitié d'une noix muscade râ—pée, sept ou huit œufs, un demi-verre de rhum, autant de vin de Madère. Nous mêlons exactement le tout ensemble, le déposons dans une serviette beurrée, et le plaçons ainsi dans de l'eau bouillante où nous le laissons cuire durant cinq ou six heures. Cela fait, nous le servons dans un bowl avec une sauce composée de rhum et de vin de Madère, chauffés, à laquelle on fait prendre flamme au mo—ment où on le porte à table.

Ce mets est prisé de nos anglo-gastro-nomes, ce qui, selon moi, constitue tout son mérite : c'est un mets incendiaire.

Nous avons le bouding au riz qui a le mérite d'être moins pernicieux.

51. *Riz à la Turque ou à l'Indienne.*

Il entre dans cet apprêt de l'infusion de safran ; c'est un mets dont on ne fait guère usage pour les convalescens.

52. *Croquets de riz.*

C'est frit.

53. *Croquettes de pommes de terre.*

54. *Crême frite.*

55. *Baignets à la dauphine.*

Il sont composés d'une espèce de pâte à la brioche, à laquelle on mêle un fruit quelconque et frits.

56. *Diablotins.*

Desserte d'une crême qu'on a fait frire.

57. *Panequets.*

C'est un composé de demi-livre de farine, de huit jaunes d'œufs délayés avec de la crême, de quantité suffissante de sucre, d'un peu de fleur-d'orange, de huit onces de beurre frais, le tout broyé exactement.

On les fait cuire dans le *petit diable* qui ne sert qu'à cet usage ; ils sont aussi minces qu'une feuille de papier. Pour les servir on les dresse en dôme et on les glace.

Ce délicat entremets est assez estimé et ne pourrait nuire à la santé que si l'on en mangeait immodérément, comme étant un corps gras ; il serait indigeste.

58. *Soufflé à la vanille.*

On prépare une purée de riz à la vanille, on y ajoute des jaunes d'œufs, et on y mêle aussi les blancs après les avoir fouettés : ce soufflé se cuit au four dans

une casserole d'argent ou dans une caisse.
On en fait au café, au chocolat, etc.

59. *Flanc à la Portugaise.*

C'es une pâtisserie légère aux pommes.

60. *Flanc à la Suisse.*

C'est une pâtisserie légère au fromage ;
il est malgré cela un peu échauffant.

On fait des flancs avec divers fruits.

61. *Brioche pâtissière.*

C'est un composé de farine, beurre,
œufs et levure de bière.

62. *Gâteau dé Compiègne.*

Cette pâtisserie diffère de la précédente.

63. *Raba Polonaise.*

C'est une pâte analogue aux précédentes , à laquelle on ajoute un peu de safran et des raisins de caisse et de Corinthe.

64. *Gâteau mille feuilles.*

C'est une pièce de pâtisserie montée et décorée de confiture, à laquelle on donne diverses formes.

65. *Poupeline.*

C'est une pâte à choux que l'on fait cuire en un moule, et qu'après l'avoir dégagée du moule, on emplit d'une marmelade.

66. *Meringues.*

Douze blancs d'œufs et une livre de sucre râpé que l'on fouette ensemble font la substance de cette friandise qu'on fait cuire dans un four doux.

66. *Croque-en-bouche.*

Ce sont des petits choux de pâte feuilletée à la génoise.

68. *Sultane.*

C'est du sucre en filets, au moule.

69. *Biscuit ou gâteau de Savoie.*

C'est un composé d'œufs, de sucre et
de fort peu de farine battus ensemble,
mis en un moule et cuit au four doux.

70. *Choux ou pâte à choux.*

Nous mettons de l'eau et du beurre
dans une casserole sur le feu, nous la
poussons à l'ébullition, nous ajoutons à
l'eau de la farine en quantité suffisante
pour donner au mélange un corps suffisamment ferme. Cela fait, nous pétrissons
avec des œufs, puis nous divisons la pâte

pour lui faire prendre les formes que
nous voulons, et nous faisons cuire.

71. *Pain à la duchesse ou à la Mecque.*

Cette préparation a beaucoup d'analogie avec la précédente; la seule différence
consiste en ce qu'elle reçoit de bonne
crême au lieu d'eau, et une double quantité de beurre.

72. *Génoises.*

Elles consistent dans un mélange de
quatre onces de farine, autant de sucre
râpé, quatre œufs entiers, quatre onces
de beurre, un quart de verre de rhum
travaillés ensemble et cuits au four.

73. *Madeleines.*

C'est une préparation analogue à la
précédente.

74. *Gâteau d'amande.*

C'est aussi une pâtisserie analogue aux génoises.

75. *Gauffres aux pistaches.*

76. *Nougat.*

Composé de sucre et d'amandes.

77. *Darioles.*

Ce sont des abaises de pâtisserie dans lesquelles on met une crême très-légère et qu'on fait cuire au four.

78. *Talmouses à la Saint-Denis.*

C'est une espèce de pâte à choux à laquelle on additionne du fromage à la crême.

79. *Mirlitons.*

Autre pâtisserie à la marmelade de pommes, etc.

80. *Fanchonettes.*

A peu près comme les mirlitons.

81. *Tartelettes.*

Même genre de pâtiserie, soit aux con-
fitures , soit à la crême pâtissière.

82. *Gâteau au riz.*

C'est du riz déjà cuit auquel on ajoute
des jaunes d'œufs et du sucre, et qu'on
fait ainsi cuire de nouveau sous le four
de campagne.

83. *Gâteau fourré.*

Marmelade entre deux pâtés.

84. *Tourte d'entremets.*

C'est une pâte feuilletée à laquelle on
ajoute une crême ou de la confiture.

85. *Bouchée de dame.*

C'est une pâte de biscuits à la cuillère, glacée.

Je n'ai pas mentionné toute notre pâtisserie, m'étant borné aux pièces les plus connues, ainsi que je l'ai fait pour les gelées, les crêmes et tout ce qui concerne ces derniers entremets. Enfin, toutes ces sucreries, pâtisseries, etc., étant autant d'objets de complément pour un bon repas, sont en général fort peu mangées, et par cette raison ne préjudicient pas à la santé.

En général, je crois devoir le répéter, les pâtisseries sont de difficile digestion, et les sucreries étant fort attrayantes, portent à la gourmandise qui altère la santé. Il faut savoir goûter à tout et ne se rassasier que de ce qui est salubre.

Corollaires.

1. Il ne m'appartient pas de fouiller dans les annales de la civilisation pour y chercher l'origine de l'art culinaire ; mais je crois qu'il est assez clair que dès la naissance des sociétés humaines on a senti que les alimens avaient besoin d'apprêts, et que par conséquent la cuisine date de la plus haute antiquité : aux érudits les faits à l'appui de ce que j'avance ; quant à moi je me borne à dire qu'au temps présent il est arrivé à un assez haut degré de perfection.

2. Il est fort important que les alimens soient d'un bon choix, afin qu'ils soient salubres et jamais nuisibles à la santé ; pour faire ce choix, il faut s'y connaître, par conséquent être expert ou cuisinier.

3. Il est aussi fort important que les substances alimentaires, après avoir été judicieusement choisies, soient cuites à point, sans quoi elles seraient ou indigestes, ou de mauvais goût, ou coriaces, ou molasses, ou sans saveur, etc.; et pour que les diverses indications de la coction des alimens soient remplies, il faut encore être habile cuisinier.

4. Il est encore fort important que les mets soient *rationnellement* assaisonnés pour qu'ils soient plus agréables; pour que leur fadeur soit corrigée, leur haut goût modifié, leur homogénéité divisée, afin que les épices et assaisonnemens soient convenablement départis, il faut la délicatesse et la main d'un sage et habile cuisinier.

5. Il est des substances alimentaires qui doivent être employées dans leur plus grande fraicheur, tels sont les légumes verts, le beurre, les œufs et presque tous

les poissons ; d'autres qui doivent être gardées pendant un certain espace de temps afin qu'elles acquièrent un certain degré d'attendrissement, comme la viande de mouton, les volailles, etc., ou de faisanderie, comme le faisan, la venaison et le gibier en général. Pour être capable d'apprécier toutes ces choses, et de déjouer les fraudes mercantiles, et enfin de conserver par soi-même les viandes, etc. Il faut encore être habile cuisinier.

6. Les substances alimentaires présentent à divers degrés leurs propriétés alibiles ou nourrissantes qu'un vrai cuisinier doit connaître, afin de nourrir ses maîtres selon leur goût ou leur besoin. C'est ainsi qu'il préparera des viandes pour la personne débile à laquelle les restaurans conviennent, et pour l'individu robuste et sain qui doit se maintenir dans cet heureux état, tandis qu'il apprêtera les viandes jeunes, les fécules, les lé-

gumes verts, etc., pour les personnes valétudinaires, convalescentes, irritables ou infirmes. Il doit savoir aussi dicerner les mets susceptibles de donner de l'embonpoint et ceux qui nourrissent sans engraisser.

7. Les alimens doivent aussi, jusqu'à certain point, être assortis aux saisons. C'est ainsi qu'en hiver, en général les viandes généreuses, c'est-à-dire chargées de sucs nutritifs, telles que celles de bœuf et de mouton; celles à haut fumet telles que celles du chevreuil, du lièvre, etc.; les légumes féculens et brômeux, tels que la pomme de terre, le riz, les haricots, etc., seront servis de préférence; qu'au printemps et en été, les viandes blanches et délicates, plus muqueuses qu'osmazomiques, les légumes verts, les fruits acidules et mucoso sucrés, et qu'en automne on assortira avantageusement ces deux genres d'alimentation l'un à l'autre.

8. Une autre considération non moins hygiénique, c'est que l'homme civilisé, et surtout celui qui vit sédentaire, doit établir une règle pour ses heures de repas, quand il est en santé; il ne doit jamais prendre un repas nouveau quand le précédent n'est pas encore complètement digéré par l'estomac, sous peine d'indigestion.

9. L'adulte doit non seulement se conformer à la règle précédente, s'il veut conserver sa santé, mais encore ne prendre chaque jour qu'un seul repas complet, c'est-à-dire un repas en viandes ou en mets très-solides. Supposons que le dîner soit ce repas d'élection; dans ce cas, le déjeûner sera léger et frugal, et le souper nul ou extrêmement léger. Quand une telle règle est adoptée, et que par circonstance on vient à l'enfreindre, on n'est pas pour ce fait menacé d'une altération de santé, pourvu qu'après un déjeûner

copieux on s'abstienne du dîner ; mais en pareil cas, il faut qu'on soupe un peu pour éviter une insomnie.

10. L'homme, à l'issue du travail, ou d'un exercice vif, qu'il soit habituel ou inusité, doit se reposer et laisser à ses sens le temps de se calmer avant de se mettre à table (ceci s'adresse spécialement aux chasseurs, aux joueurs de paume, etc....), car les alimens qu'il prendrait sans cette précaution seraient entassés et comme *bloqués* dans son estomac , qui, n'étant pas disposé à fonctionner parce que l'exercice appelé l'action vitale d'autre sur points (les membre, si l'exercice a été physique, le cerveau s'il a été intellectuel) se laisserait détendre et gonfler sans se mettre en action; la coction digestive n'aurait lieu qu'imparfaitement et il y aurait indigestion ou digestion laborieuse, par suite une irritation stomacale, une gastrite.

Et aussi, quand on quitte la table on fait bien de prendre un léger exercice, tel qu'une petite promenade, quelques parties de billard, etc.; mais on ne doit pas se livrer à un exercice violent quelconque de corps, pas plus qu'à un travail contentieux d'esprit; on doit éviter aussi avec soin tout ébat de Cythère, car l'activité rendue trop tôt après le repas aux diverses fonctions organiques autres que celles que la digestion met en jeu, arrête leur jeu et nuit infailliblement à la santé.

11. L'homme qui reste stationnaire après le repas éprouve assez ordinairement des velléités *citéréennes*, ou a une propension au sommeil; il serait pernicieux de se laisser aller à l'un ou à l'autre de ces désirs aussi long-temps que la digestion n'est pas opérée. *Post prandium stat*, a dit l'école de Salerne, et l'expérience de tous les jours prouve l'ex-

cellence de cet aphorisme. Levez-vous et marchez après le repas ; que l'esprit en cette occasion soit le maître de la matière, sans quoi garre l'apoplexie ! etc. Le moins qui puisse advenir d'un sommeil avec l'estomac plein, ce sont des étourdissemens, des rêves pénibles, le cauchemar, l'amertume à la bouche et la forte haleine.

12. Je crois devoir insister sur ce que j'ai dit souvent relativement aux assaisonnemens, quand ils sont alliés avec mesure aux substances pour l'apprêt desquelles ils sont indispensables : ils sont aussi salutaires qu'agréables ; néanmoins le convive qui aurait des ménagemens à garder par rapport à sa santé, devra, avant de goûter à un mets qui lui serait inconnu, s'informer de sa dénomination, puis jeter un coup-d'œil sur son article dans ce petit manuel, à l'effet de savoir aussitôt quel accueil il doit lui faire.

FIN.

TABLE DES MATIÈRES.

FIN DE LA TABLE.

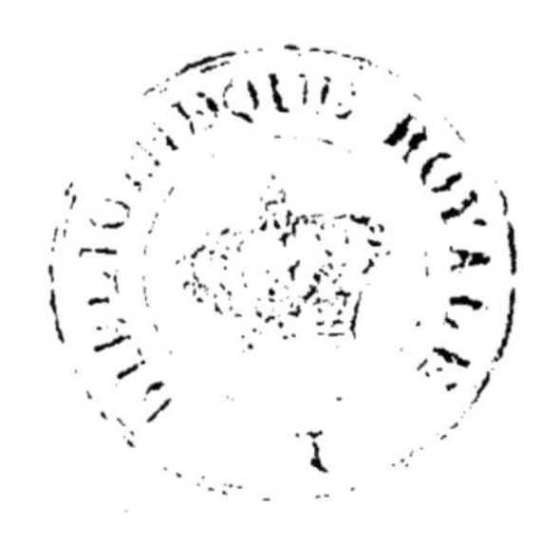

www.ingramcontent.com/pod-product-compliance
Ingram Content Group UK Ltd.
Pitfield, Milton Keynes, MK11 3LW, UK
UKHW021640170726
13836UKWH00005B/2290